ROMANCE

(e poesia anterior:
1993–2003)

Caio Meira

CIRCUITO

FAPERJ
Fundação Carlos Chagas Filho de Amparo
à Pesquisa do Estado do Rio de Janeiro

COORDENAÇÃO EDITORIAL Fernanda de Mello Gentil

CAPA E PROJETO GRÁFICO Luisa Primo

FOTO DE CAPA Caio Meira

REVISÃO Debora Fleck

Dados Internacionais de Catalogação na Publicação (CIP)
(Câmara Brasileira do Livro, SP, Brasil)

Meira, Caio
Romance / Caio Meira.
Rio de Janeiro: Editora Circuito, 2013.
ISBN 978-85-64022-28-7
1. Poesia brasileira I. Título.
10-13969 CDD-869.91

Índices para catálogo sistemático:
1. Poesia: Literatura brasileira 869.91

EDITORA CIRCUITO LTDA.
www.editoracircuito.com.br
contato@editoracircuito.com.br
Tel. 21. 2205 3236

FUNDAÇÃO NACIONAL DE ARTES funarte
Ministério da Cultura
GOVERNO FEDERAL BRASIL PAÍS RICO É PAÍS SEM POBREZA

Esta obra foi selecionada pela Bolsa Funarte de Criação Literária

SUMÁRIO

Para Lina

DE COMO E QUANDO SE DESCOBRE UM GRANDE POETA

Por Renato Rezende

Romance é a reunião da poesia completa de Caio Meira até o momento, desde sua estreia com *No oco da mão* em 1993; e inclui os poemas mais recentes, até então inéditos. São, portanto, 20 anos de poesia deste que é um dos mais significativos poetas de sua geração. Do lugar negativo a partir do qual o poeta cria sua obra, brota uma poesia de primeira grandeza, facilmente comprovada pela leitura dos poemas que compõe este livro. Opondo-se às leituras críticas que insistem em privilegiar uma linhagem predominantemente retiniana e objetivista para a poesia brasileira contemporânea, *Romance*, com sua convocação do corpo e realização quase performática, vem justamente comprovar a potência dessa poesia em chaves mais amplas, e renovar a oportunidade de descoberta de um grande poeta. Diz ele, em dois tempos (no poema *De como e quando se descobre uma falcatrua* e numa entrevista para Rodrigo de Souza Leão): *Para ele, é mais uma prova cabal de desonestidade, de que precisa ir mais fundo, cavar nas entranhas algo mais genuíno [...]. Então entra num táxi e diz ao motorista:* "para mim, ao contrário, a poesia vem de uma fissura, uma rachadura, de algo que ele [o poeta] não tem e não terá jamais".

Em Caio Meira, o poeta teme(i)rariamente cai, ou seja, se retira de cena, apagando-se ou deslocando-se do centro da vida, ou observando a vida, em sua branda, meticulosa, ínfima absurdidade ("outras vidas, a mesma", *a vida esguia, de esguelha*), para — e aqui podemos vislumbrar a grandeza e relevância dessa obra — desvelar, numa sucessão de epifanias frágeis (no sentido de comuns e quotidianas, como unhas atochadas na graxa; no sentido de efêmeras e de jamais se confirmarem: *talvez fosse milionário e igualmente descontente, talvez estivesse feliz/ criando cogumelos em Nova Lima*), a própria *vida*; em presença manifesta, corpórea e luminosa, de uma forma genuína e verdadeira, ou seja, sem alarde, sem o mistério da encarnação, sem vã filosofia ou premeditado lirismo, sem esperança e redenção, e, no entanto, amorosa, enigmática e inapreensível, *mais uma coisa que você pode perguntar ao primeiro cachorro na rua que ele vai lhe dizer*.

Como tantas obras contemporâneas que realmente interessam, a escrita de Caio Meira (e aqui poderíamos pensar num possível espelhamento entre Caio e Ana Cristina César) privilegia certo deslocamento do sujeito, certo jogo de máscaras, sensível à alteridade e à vida mútua, construindo uma poética da transitoriedade, do *entre* — entre confissão e literatura, entre espaços de passagem (*trajetórias indefinidas, voos cegos de ideias inacabadas*) e brechas, bordas, "entrefôlegos". Entre uma vida e outra: *um abraço, um beijo, um sorriso*, uma respiração: entre um corpo e outro — o corpo, a *vida*. É no corpo (*sei que tenho 32 dentes*) que, em Caio Meira, a *vida*, em sua perplexante materialidade, de forma mais pungente se manifesta (frequentemente à revelia do próprio sujeito, como atestam os poemas que compõe a série *Fenomenologia para a ereção*), e se enlaça com outras vidas:

> Ainda que dentro de casa, dentro do quarto, sobre
> a cama, debaixo do lençol, ainda que dentro
> de mim, de pau duro sou devolvido ao meio
> do mundo.

Nessa série, na condição de *corda atada latejando*, a vida, ávida, no jogo entre ausência/presença, positivo/negativo, masculino/feminino da poesia de Caio Meira, é afirmada: aquilo que desabrocha (no mundo, no corpo), permite uma identidade qualquer (*chofer de caminhão; mecânico de garagem*), ou seja, permite um lugar (ainda que contingencial), um posicionamento fálico, ao qual o eu lírico tampouco se cola, sendo antes mais meio, instrumento, do que sujeito (*a ereção (da qual sou sujeito apenas/ transitório) não seja mais meu atributo...*) dessa vida que faz ligação entre corpos; aquilo que é mais forte do que nós, a carne revestida de pele que nos une e nos separa. Assim, a poética de Caio Meira poderia ser chamada de poética da carne e suas exigências, ou melhor, da *pele*, da epiderme, do órgão que pode fazer uma carne sensível à outra (*acordo e durmo debaixo da pele; entre membranas impalpáveis*). Do contato entre corpos, da fricção entre peles, nasce o poema:

> mas
> efetivamente sentido pelo corpo e transmitido pelos meios
> elétricos e químicos ao lugar em que se dá
> a geração destas palavras, em que brotam as ideias
> que se armazenam e perduram no meu corpo

São, portanto, profundas, em Caio, as relações entre corpo e linguagem. Poeta que se descobre performático, que funda e encena uma espacialidade instável em sua poesia, onde dentro e fora podem se misturar (*transeuntes engolem breu na areia da praia*), apagando suas fronteiras: o que é colocado em jogo, nos poemas-pele de Meira, é a instabilidade das bordas e zonas de contato entre eu e o outro, ou o mundo; ou melhor, a elasticidade da própria borda, a porosidade da própria pele, sempre a deslocar (e por vezes ameaçar) o posicionamento e a identidade do sujeito, situado em perpétuo processo de modelagem (como, por exemplo, a osmose da vida suburbana: *num desses dias, ele acorda querendo colocar um som mais potente no carro*). Tal plasticidade torna-se detonadora de uma estranheza, de sua própria estranheza (*Não, não me reconheço nesse corpo/ estranho*), forjando um novo corpo, sempre amorfo, em constante devir, irreconhecível: a própria *vida* e sua matéria. Corpo estranho à linguagem, inassimilável pela linguagem, inominável, o que resta, o que invade: aquilo, no entanto, que doa sentido à poesia de Caio Meira (*a forma do seu tronco colado ao meu naquele dia em que nos/encontramos*). Que tal convívio com o *real* possa ser genuína e não-ingenuamente vivenciado/ articulado com amorosidade e espanto inaugural diz muito sobre a contribuição que a poesia pode oferecer aos desafios da existência contemporânea, sua atualidade:

> esse sorriso sem ardis mas que me queima, aceso desde a fonte desatinada e seus coloridos imprudentes, esse sorriso agora
>
> em minha boca

ROMANCE

UM ROMANCE

UM ABRAÇO

quando nos encontramos e nos abraçamos por apenas
alguns segundos, quando coloquei minha cabeça ao lado
da sua e o seu tronco por poucos instantes se colou
ao meu tronco, com minha mão pousada nas suas
costas, sobre sua pele, sobre sua coluna
vertebral, nisso que se define normalmente como um abraço
de cumprimento, de duas pessoas que não se veem há
algum tempo e por algum tempo se abraçam
para celebrar a alegria do encontro, do reconhecimento
do rosto, do corpo, da vida mútua, esse abraço
comemora, numa pequena intimidade, um encontro,
ainda que, de modo furtivo, um pequeno lapso de tempo, dois ou
três segundos, pouca coisa mais ou menos do que
isso, esse abraço que envolve meu tronco no seu tronco, de
onde brota o seu corpo, de onde nascem os seus membros
e por onde circulam fluidos e voltagens elétricas em
rajadas ínfimas regulando o tônus que dá integridade ao
seu corpo, que faz com que seu corpo esteja de pé,
na minha frente, comandando seus braços a se entrelaçarem
nos meus nessa configuração que caracteriza o abraço, esse e
qualquer outro, nesse abraço em que nossos corpos se tocaram e
que por parcos segundos senti sob a minha
mão suas costas, sua espinha dorsal e suas costelas sob meus dedos,
em que senti ou intuí que seu coração batia ali dentro
comandando a maquinaria do seu corpo, impulsionando
sua vida, pensamentos, sonhos, memórias, a prosseguir
no dia, no tempo, sob a minha mão espalmada em
suas costas, sob a pressão delicada (ou dedicada) dos
meus dedos, o arcabouço que protege sua vida,
a vida que circula em seu tronco, por míseros instantes

colados ao meu tronco, quando seus seios se
colaram ao meu peito, quando seu coração
se aproximou do meu pelo tempo que costuma
durar o abraço, na duração dos braços e do tronco,
na duração do corpo, da mão espalmada sobre suas costas,
no tempo nem imenso nem ínfimo que perdurou
nesse abraço em que se abraçaram as vidas, os sonhos,
os pensamentos, os sorrisos entrelaçados, como os braços,
como os troncos aproximados, unos quem sabe, durante
um espaço de tempo incomensurável, eu diria, mas
efetivamente sentido pelo corpo e transmitido pelos meios
elétricos e químicos ao lugar em que se dá a geração
destas palavras, em que brotam as ideias que se
armazenam e perduram no meu corpo, que se abraçam à minha
vida a partir daquele abraço que pouco ou quase
nada durou em matéria de tempo cronológico, mas que
insiste ainda agora, aqui, quando me invade a forma
do seu tronco colado ao meu naquele dia em que nos
encontramos

UM SORRISO

14, 23, 72, quantos músculos nesse sorriso, mais, quantos
dentes, a força, de onde vem a instrução que o
dispara em sua face e o inscreve na extremidade que divide o
dentro e o fora do seu corpo, do quê,

¿ onde sorri seu sorriso, sorri nos meus olhos, sorri no
espaço que nos separa nessa sala, brilha no escuro de que
noite, que nau com todas as velas pandas vem brincar
nas suas flâmulas, onde nasceu,

não como ideia, nem como vontade, a contrapelo
do mundo que o enquadra, ao revés de todas as caras guardadas
e mantidas à sua disposição para serem
lançadas quando a ocasião se apresenta,

não esse sorriso, incontido e inconsútil, ao perfurar as
inúmeras camadas que a compõem, indo e
vindo entre o que você tem de matéria e o
imaterial que infla sua carne,

não esse sorriso que se evadiu de você,
mas que é tão você que se agarra a sua imagem mesmo
depois de ter se ido, não esse sorriso que se
desembaraça do seu corpo e o sobrevoa,

e me assombra, e me assoma, ocorrendo em mim, me
percorrendo sinuoso e curvilíneo, esse sorriso sem ardis
mas que me queima, aceso desde a fonte desatinada
e seus coloridos imprudentes, esse sorriso agora

em minha boca

UM BEIJO

há tanto tempo envolvido comigo mesmo, com o que me navega sob a pele, patinando pelas paredes que me encerram sem fim nem começo

há tanto tempo comigo circulando por mim adentro, à beira desse passo que não se quer dar para fora do vórtice de que provenho

há quanto tempo não me abro ou me descasco ou atravesso as poucas camadas que contém meu derramamento implacável

há quanto tempo não beijo o beijo que agora beijo, esse movimento que se desprende de mim e faz da

minha boca

o fim e o começo de mim, o fim e o começo da minha vida se gravando na sua, ou da sua vida escorrendo pra dentro da minha,

um beijo que se alastra rasgando a geografia do meu corpo
que se abriga no seu corpo da efusão de desenhos que se
tatuam na minha fronte

um beijo que me arremessa contra cada um dos 32 espaços em que se divide o caminho dos ventos que agora, sinto, terei de percorrer nesse beijo que me desabriga, solidamente,

de qualquer fim e qualquer começo

UMA MANHÃ

um dia que não começa enquanto suas circunstâncias, as das suas
mãos e da sua boca, não definem o peso com que a luz pousa nas
suas curvas, que agora observo

um dia que vem ganhando aos poucos os fenômenos que compõem
sua pele, a gravura que sobe e constrói suas linhas e colunas

um dia que se desembaraça do seu sono entre os pequenos tremores e
barulhos que acendem seu tônus, suas ranhuras e penugens

um dia que virá como uma pancada nesse repouso que ainda paira
sobre a cama, que sobrevoo ainda aquecido pelo motor do seu
braço

um dia que se levanta nos orientes ainda guardados sob o lençol que
contém sua nudez emulada nas sombras que persistem pelo quarto

um dia que só principia quando você por fim me desperta

UMA TARDE

nossa vida se desentranha de si mesma como quem se pesca
a si mesmo
como se diz lá em goiás de quem sai
pra pescar à tarde e volta pra casa sem um peixe sequer
sem que se cumpra a tarde de pescaria sem
que um peixe, por menor que seja,
morda a isca e seja puxado pra fora
d'água
diz-se desse pescador sem o peixe, da pescaria sem
a captura, diz-se
que voltou pra casa com o dedo enfiado
no cu, assim pensei em todos esses anos
de nossas vidas com o dedo enfiado no cu
sem cumprir nossa viagem
nessa tarde em que ficamos lado a lado ou qualquer outra
voltando pra casa saindo
de casa entrando saindo de casa sem
a captura cotidiana efetiva total dissimulada espontânea
plebeia ilusória
falsa original sofrida inventada artificial postiça parcial
narrada régia
fingida imaginária criadora quimérica fantasiosa elaborada
chorada prosaica por todos esses anos com o dedo enfiado
sem capturar nossa tarde, com seus cheiros e brilhos,
as tardes
que escoam pelos dedos e pelos cabelos e caem
como meus pelos e cabelos que agora entopem os ralos
e canos
dessa tarde em que circulamos agora

UMA NOITE

na webcam a mudez branca do seu corpo
nu, aromas brancos que clareiam um sorriso franco,
a brancura do lençol que recebe seu corpo
sobre a cama, corpo que desnuda a cama,
o espaço em torno dos seus olhos processam, iluminados,
a brandura das paredes que envolvem seu corpo a
cada vez mais branco à medida que preenche
todo o espaço claro do quarto, nu
diante da tela pasma do computador, da câmera
assustada que envia violentamente para o espaço
o clarão de sua nudez que ilumina o mundo,
meu mundo abismado pelas letras
claras desenhadas na alvura de sua pele clara,
branca e clandestina que sorri o sorriso dessa noite

UMA CANÇÃO

tantas vezes eu me sinto passageiro clandestino
do meu corpo, como embarcado num vagão
que corta a cidade desde o subúrbio, onde moram
ou devem morar poetas, amantes e demais revolucionários,
segundo Platão, embarcado nessa viagem, nessa origem
periférica, longínqua, estrangeira, trazendo sem permissão
sotaques, palavras e vontades que se realizam ocultamente
nas minhas mãos, por intermédio delas, quando acaricio seu corpo
com meu corpo, digitando música no teclado das suas
costelas ou desenhando em sua pele as imagens proibidas,
secretas, bastardas, do poema pelo qual você pergunta
há tanto tempo, cadê meu poema, você disse tantas
vezes, ou talvez você nunca tenha pedido, talvez tenha sido eu a
ter visto um poema saltar ilícito da sua boca para sobrevoá-la,
dissimulado, um poema enodado em seus cabelos
há tanto tempo, um poema ainda trêmulo, sondando espaço e
tempo em nosso olhar mútuo, na órbita da nossa
vida e em nosso espaço e tempo, esse tempo que
nos percorre, mas também o tempo que se amontoa
e nos dá as tramas que se amarram entre nós a contrapelo
de todo princípio para infringir vigências e efeitos dessa
viagem em que sou passageiro, como uma folha ao vento,
mas que vigora em mim como um contrato sem promessa, sem
celebração, a não ser o próprio ato que escapa de si mesmo, o
próprio delito de lhe escrever essas palavras com a luz dos meus
olhos

UMA SEPARAÇÃO

procuro pelo ípsilons e dáblius que cortaram nossos lábios,
pelos espaços de emes e enes e eles e esses que trançaram
um dia nossa línguas, procuro pelas vogais gravadas
na clareira do seu corpo, procuro pelo poema que se
desprendeu do abraço primeiro, do primeiro sorriso, do
beijo inicial agora perdido entre tantas letras desferidas
ao encontro um do outro. procuro por minha voz ainda
ecoando ou vibrando nos pavilhões dos seus ouvidos.
se minhas cordas vocais vibraram e emitiram palavras
no afã de indicar coisas, pessoas, ações ao
alcance ou distantes de mim, se chegamos até aqui
nos perguntando e nos respondendo,
sendo inquiridos por vozes as mais remotas,
procuro agora pelos limites ao meu redor em que você
possa gravitar, pelas órbitas de todas as coisas
que um dia brilharam ou recenderam à chuva nos
dias que atravessamos. procuro pela voz que materialize
minha respiração na sua boca, que seja o fluxo do
meu sangue batendo forte no seu peito. se estive
tantas vezes diante da sua mudez, se articulei
canhestramente sons que desfalecerem tão logo
pronunciados, procuro por pronúncia possível
para a palavra do nosso amor, o amor, o amor,
que resiste a morrer em minha vida

UM AMOR

o tempo de uma hora não é o tempo de uma
hora, uma noite não é uma noite, uma madrugada feita
de vários anos, feita também de milhares de reais, uma
manhã que se aproxima com seus tempos, seus dinheiros,
suas fotos, suas cirurgias, seus cortes de cabelos,
com os filhos que se desprenderam de tardes e noites,
com concursos mal feitos e empregos meia-boca, o fim da
noite que se vai cheia de livros não lidos, suas mãos, as mais
macias, suaves e carinhosas de todo o planeta, o tempo
que se crava em minhas costas ou que acaricia meus cabelos,
o tempo em refluxo no meu esôfago, meu tempo ao lado
do seu tempo, em nossos genitais, em nossa cama,
o tempo em cápsulas ocultas que nos aguardam para
explodir, para disparar como um alarme de carro
dispara na madrugada, ou para embalar nossos
brindes, nossos olhares, o tempo engarrafado que
bebemos como licor antes de dormir, o tempo de vinte anos
em poucos minutos, de mãos dadas, chorando às 3 da
manhã, sorrindo ou se assustando, o tempo do coração
que não disparou como alarme de carro, mas que bate
compassado e assegura a imortalidade do nosso romance
entrelaçado nos segundos e anos que ataram o meu corpo
no seu, um amor

ENTRE OUTROS: FOTOGRAFIAS

I.

Minha vida, a partir desse ponto, se torna
tão tênue quanto o fio da minha espada.
Essa sentença, apesar de não ser prévia,
não poderá ser postergada: ato derradeiro, do
qual não há retrocesso. Nem avanço. Se minha
casa passa a ser meu passo, se sou um ou se
somos 47, se tiver de vender minha mulher
para o bordel mais próximo, se não puder mais
cultivar amigos ou desafetos, terei que ter apenas
o cuidado de não dormir duas vezes no mesmo
lugar. Esse código, jamais escrito, que não pode
nem mesmo ser pronunciado, está doravante
gravado nas fibras do meu corpo.

II.

Cinco da manhã. Subo a escadaria de Montmartre
esmagando, na mão direita, a carta do diretor
do internato que relata a expulsão do meu filho.
Ele terá agora que vir morar comigo em Paris.
O menino saberá então que caí na vida, que
acompanho velhos gordos e bêbados em táxis e
que às vezes danço nua para completar o
mês. Há anos, porém, não beijo ninguém na boca.

III.

Choro alto no banheiro do cinema. Tento esconder meu rosto entre as mãos. Não foi o filme que me comoveu a esse ponto. São muitas salas, mas nenhuma cena me fez lembrar de pessoas ou momentos perdidos. É apenas mais um desses instantes inexplicáveis de explosão que antecedem qualquer transição, tão dolorosa quanto inesperada.

IV.

“Você se parece com um personagem de Kafka”, ouço, num fim de festa, enquanto pego uma cerveja na cozinha. Quem me diz isso não parece bêbado, é alto, muito forte, e a barba comprida demais é a única coisa que destoa do físico de boxeador. Conheço-o de vista, da noite, talvez se chame Eduardo, ou Jorge. Entreolhamo-nos por alguns instantes, em silêncio. Então o grandalhão pega sua bebida e volta para a sala de dança, onde se envolve num bate-boca com outro convidado por ter batido a cinza do cigarro num pote com ricota.

V.

Dentro de poucas horas estaremos todos mortos,
nossos corpos já sem gravidade sob o asfalto, ou
misturados à areia da praia. Serenos, por anos nos
preparamos, quando cruzamos em ritmo de
anapesto o portal de pedra, para agora sairmos
armados às ruas, com os corações leves e a
lápide definida: si vis pacem, para bellum.
Tudo o que temos cabe numa caixa
de sapatos. Nós, tão jovens, tão belos e tão
radicais quanto as palavras que carregamos
em nossas bocas, já repartimos a bandeira
e a carne, mas o sangue ainda corre quente
dentro das veias. Por pouco tempo. Nós, que
já enfrentamos a polícia, que abandonamos a
faculdade de medicina para dormir sob a
noite estrelada, queremos apenas a pá de
terra sobre nossos despojos e a mão pesada
da justiça escrevendo outra página digna
da história dessa terra, nossa terra.

VI.

No escuro em que caminho, a 22 prateada, quase
nunca usada, pesa em meu bolso. Ao ouvir um
barulho, viro-me e aponto para o vulto que se aproxima
de dentro do breu. Por alguns instantes, sinto o
comichão no dedo apoiado no gatilho. A vida
deve, afinal, defender a vida. Mas não atiro.
Depois de alguns instantes, vejo o que era sombra
se transformar no meu filho, que me seguia
da festa querendo ir comigo para casa.

VII.

Estou há quase dois anos em silêncio. Escuto
e pronuncio vozes que não me dizem
respeito. Essa mudez estomacal comprime
minhas entranhas e se transforma no som mais
franco que pode emitir meu corpo. Para tentar ser
mais genuíno e ao mesmo tempo interromper
um circuito de dependências, passo a tesoura nos
cartões de crédito, ando a esmo pelo bairro, me deito
de costas no chão duro. Intimamente, porém,
sei que não sou senão mais um espectador
dessa agonia sem nenhum deus.

VIII.

Eu, que ainda não pude escrever ou dizer a
frase que me mostrasse inteira, levanto
minha saia e mostro, quando ele volta do
banheiro, essa inesperada entrega depois de me
aferrar e resistir por tanto tempo. Não, não foi
o vinho, nem o violão, nem o poema; foi antes
uma imperativa abertura que irrompeu em cheiro
e carne. Antes de mim, antes dele, mas presente
aqui nesse gesto tão vivo quanto simples e duro.

IX.

Sou tão transitório e real quanto o empuxo que
mantém no ar essa tonelada de placas de
metal, plásticos e parafusos: um voo doméstico, a
poltrona apertada, o sanduíche gelado e, a meu lado,
ela adormece. Sua superfície, pura luminosidade,
vai ganhando aos poucos os tons obscuros do
sono, dos pesadelos sem confissão. Quando a boca
se amedonha e as pálpebras se espremem para que
não explodam as câmaras ocultas que guardam
sua vida de Eva, aperto os braços da poltrona
e aguardo para qualquer instante o estrondo.

X.

Enquanto todos dançam na sala escura e a música
batida sai pelas janelas e reverbera nos prédios vizinhos,
tomo pela mão duas amigas e as conduzo até
a despensa do apartamento, onde transamos rápida
e avidamente. Depois retorno à sala e colo um
beijo sincero e afetuoso no rosto de minha mulher.

XI.

Algumas vezes foi preciso tirar os sapatos para ficar da altura da vida. Outras, foi à base de Lexotan que consegui ir àqueles jantares, sorrir aqueles sorrisos meio loucos (ninguém saberá o quão próximos da loucura eles realmente estavam). Mas descalça, no assoalho frio, é que alcanço a calma despida que você vê neste momento em meu rosto. De pé sobre a terra, nua como nunca estive, agarro-me a esta vida que amanhece, finalmente, agora.

XII.

Não consigo mais pronunciar essa palavra melancólica, irremediavelmente dissolvida dentro do meu corpo. Há muito tempo a enxertei (cut and paste) em meu estômago, bebi sua bile, me uni a sua força — essa mistura espumosa no sangue. Depois da sua proliferação, estou envolto em apêndices, bocas e línguas que me trilham. Pouco importa. De agora em diante poderei escutar o rumor de sua circulação dos pés ao coração. E se precisar correr, erguer toneladas de ferro para poder estufar meu peito, já tenho anotado no bolso o telefone da academia mais próxima.

XIII.

Reúno toda minha coragem e pergunto a ele se seus escritos são ou não ficção, se toda aquela erótica narrada é fato ou invenção. Ele me responde que nem uma coisa nem outra, que minha pergunta não tem qualquer sentido. Bato a porta e me atiro na rua, entre lágrimas e decisões. Não posso ser mais uma quimera entre quimeras, minha ânsia é genuína e material, e esse meu urro tem todas as dores de quem está reaprendendo a caminhar.

XIV.

Subitamente, me vem ao espírito uma coletânea
de excessos cometidos. Por tanto tempo escondidos,
quase cheguei a atribuí-los a outra pessoa — talvez
eu os tenha redescoberto. Rio, gargalho. Nesse fim de
tarde, avanço pela rua com a noite e o inverno,
com os porres e os gritos, com as palavras
inadequadas e por vezes grosseiras, com todas
aquelas desmedidas que dormiam entre
os influxos nervosos — a partir de agora,
minhas pequenas glórias.

XV.

Os móveis não rangem mais, as tábuas nunca
mais vão estalar: o mundo se tornou
irremediavelmente surdo. Tento segurar
um lápis entre os dentes, na vã esperança
de transmitir ao corpo estas últimas
vibrações. Deixa estar, vou ser guiado agora
pelo meu plexo solar, esse pequeno
cérebro dentro de meu estômago.
Nunca mais as senhoras perfumadas
da sociedade, nunca mais os cavalheiros de
bigodes torcidos! Vou agarrar o destino
pela garganta: terei que ir além de minha
própria tragédia, para que minha música
vá além da música.

XVI.

Com uma lanterna na mão, ando de madrugada
pela casa à procura do homem que possa ganhar
três mil e quinhentos reais por mês. Já não é
o caso de procurar integridade, tampouco de
aprender a viver. Melhor seria ter um
pedigree falso. Como não pude identificar,
na palma da mão, nenhuma configuração
prévia, nenhum mapa, sei que nem mesmo
um cachorro poderá indicar o caminho.
Não, não adianta vasculhar os bolsos ou os
livros, o prenúncio da aurora me avisa
que a coisa toda está mesmo é nas tripas.

XVII.

A partir de agora, se eu tiver de pecar, que seja
por excesso ou por transbordamento. Das faltas
e dos erros, que fique apenas o silêncio
sem constrangimento, mas também sem
insolências. Talvez eu deixe a barba por fazer,
talvez eu não corte mais os cabelos, quem
sabe eu ponha um piercing ou faça uma tatuagem
na virilha, não sei. Mas quando tiver que pagar o
preço devido, o que farei sem cólera e sem
receio, que todos me perdoem, os que morrem
e os que vivem, os que ficam e os que passam.

XVIII.

Tenho apenas o que tenho, agora que minha estirpe
virou bastarda. A vida não vem mais até mim,
para lançar seus desafios. Sou eu quem deve
ir atrás da vida, desentocá-la de seus refúgios.
Devo também palmilhar os caminhos que
desconheço, espreitando todo deslocamento
súbito. E quando tiver que pôr meus bofes
para fora, não terei um amigo para separar
minha cabeça do pescoço. Agora, não sou mais
que um caminho, nada mais que um caminho.

XIX.

Nosso encontro foi toda essa explosão, não foi? E muito mais, coisas desconhecidas, quietas, silenciosas. E outras a serem descobertas, se tivermos vontade. Sua mão na minha mão. Não houve um momento preciso, um instante definido. Quando foi? Naquele dia? Haverá um dia para caber nessas mãos? Pode ser que nunca mais nos vejamos, pode ser. Mas teremos sempre esse trunfo, essa condenação: o lugar onde colocamos o nosso coração.

XX.

Seguro sua pequena mão enquanto dorme, mas nada posso fazer quanto aos sonhos. O perigo faz parte da noite, assim como o sossego, os mosquitos, as derrapagens ou os gemidos esporádicos. A linha do seu corpo, essa linha que cresce dentro de um movimento imperceptível, gira em torno da mais pura fabricação do susto e da curiosidade que agora dormem sob minha vigília.

XXI.

O tempo nunca vai esmaecer esse olhar pendurado
no retrato da sala de jantar, vigiando a mudez
constrangida de cada refeição. As marcas nas
pernas são mais profundas do que as marcas
nas pernas. Os vergões nas costelas doem
mais do que vergões nas costelas. A mão tem
um peso, a mastigação tem peso ainda maior, as
pernas pesam à noite quando se está de cara virada
para a parede, o sono fingido no sofá pesa o maior
de todos os pesos. A madrugada não vem metabolizar
o álcool, nem dá outra garantia de alívio ou de
presença. O futuro é um mistério como outros
mistérios, um enigma a mais a ser decifrado,
uma ofensa entre ofensas. Uma afronta, um
xingamento gratuito que ainda ecoa, uma herança.

XXII.

Se eu pisar mais fundo no acelerador, nada vai correr
mais rápido em minha vida. Cada coisa continuará
com a sua própria pressa, ou paciência inesperada.
Acidentes têm engrenagens que trabalham
furtivamente, tanto à noite quanto à luz do
dia. E a música no toca-fitas canta o instante
exato em que vivo, no meu país, na minha guerra.
De dentro do turbilhão, enquanto faço a curva
do mourisco, ouço subitamente a voz rouca
de Jeanne Moreau: nada me deslumbrou.

XXIII.

às vezes você me pergunta (e se pergunta)
por que a admiro tanto por que gosto tanto
e você também me pergunta (e se pergunta)
o que vejo em você
que você não é ou não tem ou não está nada
nada no lugar que vejo que digo
e eu nunca respondi ou isso ou não sabia responder assim
como agora digo que com você
com você eu me admiro com você eu me gosto com você
eu me amo com você
eu posso ser o melhor que consigo
ser com você eu sou quem gosto de ser
com você eu me comovo como com ninguém mais a não ser
com você com quem posso finalmente
ser

FENOMENOLOGIA PARA A EREÇÃO

I.

Outra vez, acordo na madrugada de pau duro.
Sem desejo, sem objeto, a matéria
cavernosa injetada de sangue não bombeia
imagem, não infla nem enrijece outro corpo
a não ser a própria carne dilatada. Quanta
vontade primitiva fala agora por meu cerne,
qual proporção de instinto, que medida
atávica constrói essa tenacidade sem fim
algum? Não, não me reconheço nesse corpo
estranho. Não passo de uma corda atada latejando
entre a noite e a manhã, essa madrugada em
ereção a caminho do banheiro.

II.

Nenhum spam fará com que meu pau fique
maior ou mais duro do que agora de manhã, sozinho
na cama. Em que estive pensando, sem pensar? Que
visão calada injetou debaixo da pele esse
volume que me contrai, esse vetor tão sólido
quanto misterioso? Talvez a própria vida me
mostre agora a surpresa contida na vida,
ou ainda, irônica e num flash, venha a
marca do episódio no que ele tem de mais
fortuito, meu destino: a dispersão da força
engendrada em minha desordem seminal.

III.

Escrevo essas palavras de pau duro, na esperança
de encorpá-las ou dar a elas mais carnadura e
alguma veia inflamada. Ou ainda: que
a ereção (da qual sou sujeito apenas
transitório) não seja mais meu atributo,
tampouco o alongamento de qualquer das vontades
que me animam, mas que lhes dê a gota
que falta ao transbordamento e o vigor para
se lançarem de si mesmas. Nesse elã, uma
expansão em busca da pandora emaranhada
entre tecidos e cordames e novelos.

IV.

Se contraio a pélvis e a encosto na mesa, o
membro ereto sente a dureza da madeira e,
por cima da madeira, uma página afogueada
na iminência de perder sua candura.
Não sei ainda onde colocar o meu coração,
mas descubro agora um lugar para colocar
meu pau, minha vida despejada, não no
chão, não em imagens, mas no mais
puro extravasamento daquilo que não
saberia sair senão de si mesmo.

V.

E como o nada vem do nada, do nada
vêm também as outras coisas, alçadas de sua
intimidade mais íntima, desse centro agora
revirado e protuberante, como meu pau
ereto que observo. Mas essa imagem pouco
têm de toda explosão maquinada, do tamanho
minucioso e confidencial de meu fundo externado:
não posso ser senão cúmplice, tão malicioso quanto
inocente, desse invólucro pando de segredo,
da expressão de mundos imediatos que
podem a qualquer momento irromper
ou emergir: acordar do nada, despertar
a parte invisível do tudo.

VI.

Nenhum escândalo, nenhum grito, apenas
esse silêncio enfeixando a carne do meu
pau na trama do dia. Cabeça, tronco e membros
assim embrutecidos: posso agora ser chofer de
caminhão, mecânico de garagem, cobrir
meu rosto de graxa para enfim cuspir alguma
corpulência noutro corpo. Posso também, na
ferocidade circunscrita da pegada, colocar todo
o peso da mão no limite dolorido da
musculatura. Está ativado o mecanismo. O transe
terá a duração mergulhada e suportada pelo
corpo. Semblante entre outros semblantes.
Não estou impedido de flutuar.

VII.

Ainda que dentro de casa, dentro do quarto, sobre
a cama, debaixo do lençol, ainda que dentro
de mim, de pau duro sou devolvido ao meio
do mundo. De pau duro, no meio do caminho
da minha vida, abundante no meio de mim e
copioso no meio das pernas, no meu caminho do meio,
caminho para fora de mim, para fora de casa, no
caminho para fora do mundo, ou para o interior fértil
do mundo, no espaço do mundo em que o
mundo se gera e grita para fora de si, mas para dentro
de mim, mas para fora da vida, aqui dentro de casa,
eu de pau duro dentro de mim, mas fora
de mim, mas dentro da minha vida, de
pau duro, a vida é dura fora de mim,
a vida é doce dentro de mim, a vida dentro
e fora de mim, no meio do caminho da minha
vida, de pau duro a vida vive dentro de mim.

VIII.

Então meu caminho para fora: assim me
expulso de mim no caminho que se plenifica,
na janela que se abre em meu corpo para
fora do meu círculo, a lentidão dura do
meu pau que se perfaz sem luz nem sombra.
Então me amplifico, reverbero, de volta
ao começo primordial, ao gatilho que
se desdobra e grita o grito que grita e
que se deixa disseminar. Então sou a manhã
da minha vida. Então posso renascer
e abrir meu diâmetro irradiando a invenção
da vida que acaba de pulsar sob minha carne.

PANDORA

Pandora: a primeira mulher, feita de barro por Hefesto, deus do fogo, sob ordem de Zeus. Recebeu de Atena o sopro de vida; de Afrodite, a beleza; de Apolo, o talento art stico; Hermes ensinou-a a mentir e a persuadir. Seu nome significa "fecunda, que dá toda espécie de presentes", ou "todo, inteiro, completo" ou ainda "dom, presente, oferenda aos deuses". Pode ser chamada de Anesidora, "aquela que faz sair os presentes das profundezas".

I.

Não há nada que se possa saber sobre
a boceta, assim como não há nada a saber
sobre o nada, sobre essa forma encarnada
de nada. Tantas vezes a contornei com meu
dedo, outras tantas enveredei pelo conduto
em busca de abrir suas comportas, mas não fiz
qualquer passagem, não cheguei a outro
lugar a não ser o lugar de onde parti, esse
início que nunca cessa de iniciar. Nada
posso dizer sobre a boceta, a não ser que
nunca sairei do seu limiar: por mais que
me afaste, ela nunca deixa de redundar
em meu entorno: o fim e o começo.

II.

A primeira vez que a vi, ou terá sido a primeira
vez que fui notado por ela, à distância, teriam sido
quilômetros, alqueires, mares, quantos centímetros na
primeira vez que me vi nela envolvido, nos pelos
crescido, no susto virgem do primeiro nascimento, ela
que nasce tardia em algum momento da vida do corpo,
a primeira vida das minhas muitas vidas, no caminho
primeiro de minha vida, percorro todo dia essa distância
que vai do nada ao todo, ao todo dia, nessa primeira
vez em que se esconde sua visão, toda vez será para
sempre a primeira vez que vi, que vejo e que verei
a primeira boceta que vi no primeiro dia de minha vida.

COISAS QUE O PRIMEIRO CACHORRO NA RUA PODE DIZER

(2003)

EPIDERMÁTICA

We are all sculptors and painters, and our material is our own flesh and blood and bones

Thoreau

CLOSE TO THE BONE

acordo e durmo debaixo da pele, sobre a crosta da terra, com camadas de cidade enterradas

movimento películas e superfícies entre outras películas e superfícies quando saio à rua, ou quando me encosto no parapeito desta janela que se despede da noite

acordo e durmo entre membranas impalpáveis, com enzimas, autor regulações e imponderáveis combustões

metabolizo rostos e teorias em meio à confusão de lembranças despropositadas, entre secreções sebáceas, tubos, alvéolos e histórias acumuladas

por vezes sinto esse torvelinho dentro da barriga, e não sei se é fome ou lembrança de fome, ou se são movimentos espontâneos da voracidade do vazio

nem sei que tipo de limite representa a pele, se me separa da madrugada ou me une a ela

se o frio que sinto nesse vidro me pertence ou sou eu que pertenço ao frio ou ao vidro, ou se o ponto em que tudo se entrelaça surge apenas para desaparecer

sei apenas que sou permeável a esta manhã que desaba seus vermelhos por prédios e morros, por muros e árvores

SOB SOL CERRADO

o mesmo sol

aquece esta manhã de setembro e espalha uma secura inesperada
por superfícies vivas e mortas

dizem que não chove por aqui há mais de cinco meses

com a umidade do ar abaixo dos 10%, com a grama tão ressecada, à
beira de tornar-se palha, espero neste gramado por alguém que não
vejo há tantos anos

sob este sol

passo desidratado fazendo a corrida diária, ou abro o capô do carro
para pôr mais água no radiador, ou espero o sinal verde para seguir
com a vida

mas não adianta

agora falo como se viesse de parte alguma

música, língua, cor, pele, terra roxa dentro dos pulmões, talvez o
caminho que as pernas um dia fizeram nesta cidade

as direções que as coisas tomam numa praça ou numa rua distante

mas o sol é o mesmo, astro indiferente queimando sua órbita
sem fim

o mesmo sol inunda o nômade atravessando o deserto de Mojave
ou apodrece a perna de um escritor entregue à morte na fronteira
da Tanzânia com o Quênia

em Botafogo, na arquibancada à esquerda das cabines de rádio
do Maracanã, em réstias, sufocante dentro de uma cela em Bangu 2

no carburador que fuma, na clorofila erguendo este ipê amarelo ou
na vitamina D que garante firmeza para o colo do meu fêmur

para caminhar ou apenas esperar em pé

o mesmo sol desperdiçado no topo de uma montanha solitária
(avistada daqui através de um cartão-postal)

é melhor procurar um bar e pedir um copo d'água

antes de me entregar à sequidão ambiente

que esturrica os cabelos, faz estalar os joelhos e torna mais árida
uma espera

antes de ver no jornal da noite os redemoinhos de fogo cortarem o
planalto central e os demais modos da presença solar

nos tijolos, nas telhas de amianto, nas caixas d'água vazias, no nó da
gravata afrouxado durante um café suarento no mercado central,
na gema do pequi exalada ao lado de cajás-mangas verdes e lavados
para se comer com sal, no pouco reflexo da água suja de um tímido
lago, último refúgio de cisnes improváveis e encardidos

e mesmo à noite no zumbido do ventilador que espalha ar quente
pelo quarto

aprender com o sol e não alimentar falsas esperanças

ninguém virá emergir da memória para retraçar horas perdidas

todos foram queimados, esquecidos, rotos, esquartejados

alguns podem estar mortos, mas não fui convidado a
nenhum sepultamento

os que permanecem vivos ignoram solenemente a profusão de
praças e ruas que desembocam neste momento

nem se importam, nem se enfadam, nem se movem

pegar um punhado dessa mistura de mato seco, poeira e formigas,
cheirá-la ou talvez comê-la, não significa ficar mais próximo da
terra ou da gente

em órbita distante, a anos-luz do calor que vibra esses ossos

ENTREFÔLEGOS DE UM BASQUETEIRO SOLITÁRIO

quinze para as duas da tarde

na trajetória indefinida da bola, um voo cego de ideias inacabadas
quicando no chão e nos muros

ah!, se não tivesse quebrado tantas promessas de intimidade, ou
não faltasse aos encontros e aos riscos

talvez fosse milionário e igualmente descontente, talvez estivesse
feliz criando cogumelos em Nova Lima

não tenho radar para me guiar no escuro, e na claridade desta tarde
orientes e mitos surgem ofuscados

sobram contornos, arestas, rugosidades

e entre uma linha e outra, inúmeras e imprudentes lagartas esmagadas

e entre o chão e o aro, o peso e a circunferência onde me arremesso

talvez eu deva jogar na mega-sena acumulada

e se ganhar aquela bolada (ah!, se ganhar aquela bolada), ir rifar
o dinheiro com as putas parisienses, subornar um senador da
república ou patrocinar cocaína para os amigos

mas o que pode restar de alguém que um dia ganhou tantos milhões
de dinheiros

poderá caminhar à tarde, pegar o metrô em Botafogo e ir ao centro
da cidade procurar um livro no sebo?

poderá dormir no ônibus, com o rosto encostado no vidro, e não
saltar no ponto de descida?

perder-se, sentir fome, carregar silenciosamente uma hérnia de
disco, ter um pâncreas ectópico, uma esofagite de refluxo

não sei por quanto tempo os joelhos vão suportar todos estes impactos

há tantos arremessos, encontros, chutes, medidas

e coisas sem sentido que me compõem, habitam os passos e
os intestinos

há ainda muito a fazer

escutar cantores populares que veem deuses todo santo dia,
ou comem pentes, ou decifram o mistério das pirâmides, a
configuração das estrelas

não para tentar responder ao tabloide inglês qual o sentido da vida

pois essa é mais uma coisa que você pode perguntar ao primeiro
cachorro na rua que ele vai lhe dizer

... MAS PREFIRO FICAR CALADO

nesta manhã de janeiro, pesa-me o peso de todas as coisas, com os olhos ainda embaçados de sono, os ouvidos guardando a acústica de silêncios, e a boca, a língua, a saliva, as fibrocartilagens, a glote, os uivos, a janela fechada, os retesamentos, o bolo alimentar, os movimentos peristálticos, a pirose, a ânsia, a fôrma da bacia persistindo na espuma, a estridência do rádio relógio, o arcabouço do teto, e demais zumbidos que instigam o nervo motor da laringe

esparramado entre vetores de força, decisões se misturam às dúvidas, ocupar determinada posição na cama, mudar de bairro, frequentar universidades, gafieiras, bordéis, analistas, atravessar a casa, lidar com as coisas domésticas, voltar a dormir ou ir para a rua ver o primeiro sol do dia, abrir bem os braços, estufar o peito e inclinar a cabeça para trás, em meio à poeira e o vento, e sentir, na coluna vertebral, o deslocamento simultâneo da minha vida

que importa a neurose, a escoliose, a miopia, os atos lerdos ou incisivos, a marca do mercúrio no termômetro, ou as fases da lua, se estou inapelavelmente nu, sem ruído, sem sorriso, sem proeza, apenas unhas e cabelos transitando de modo esporádico entre projetos de viagens, de vacinas, de farras, de livros, essas coisas que já nem impressionam os amigos em mesas de bar ou ao telefone

num desses dias eu paro de nascer sem mesmo ter tempo de improvisar qualquer lápide ou discurso, e mesmo se eu tiver uma caneta bic no bolso e um guardanapo ao alcance da mão, mesmo se eu tentar ficar de bico fechado, desviar o olhar ou apenas sorrir com simpatia, mesmo que eu invente um compromisso inadiável com um fiscal da prefeitura, mesmo mordendo a língua, esperneando ou abjurando a minha estirpe, as coisas vão estar resolvidas, agudamente, e quaisquer que sejam os números da soma de meu nome (de fato, será indiferente o fato de ter ou não um nome), já estarei na companhia dos demais canalhas

ORNITORRINCO

tem aquela vez que imitei um macaco para arrancar a primeira gargalhada dos meninos

tem o tiro passional, a quantidade de chumbo na água, as anotações rabiscadas de madrugada no caderno verde

tem um cara discursando sobre um caixote numa praça de Londres, outro acaba de afirmar na televisão que tudo é química

tudo é beijo, coxa, intriga, números de telefone esquecidos, sonda orbitando outros mundos

ou tudo poderia ser geografia, economia, ortodoxia, taxionomia de órgãos propulsores, um apêndice supurado, configurações cervicais, o mapa da vida estampado no consultório de um japonês, no centro da cidade

tem todas as aberrações costuradas de modo a parecerem uma obra de arte, mas que são, sobremaneira, inverossímeis

até agora, o destino me tem sido maleável, e junto à mandíbula e ao esporão, junto ao pavilhão auricular a essa altura entorpecido por buzinas e alarmes contra roubo, junto aos molares, cabem dores lancinantes e o desopilar de uma gargalhada

cabe tudo o que entra pela janela do olho e se amontoa com as transcrições, edições de revistas folheadas em sala de espera, diferentes versões de uma mesma sonata de Beethoven

cabem até os estampidos que ninguém ouviu (a árvore que caiu sozinha no meio da floresta) e listas intermináveis de tudo que faz mal à vida

um dia, talvez se chegue à conclusão de que a vida faz mal à vida, e só
seremos socorridos por essas coisas de origem remota e misteriosa

esses cachorros equívocos que atravessam cidades e voltam para
casa, ou a coordenação das revoadas de pardais às seis horas da tarde

e demais gestos peculiares de todos, híbridos de tudo e de nada,
à proa de vontades subcutâneas, pormenores do jogo de forças
macroeconômicas (sobredeterminados por uma jogada da bolsa
de Cingapura)

e se decidirem que a vida faz mal à vida e o mundo estiver por
um fio (se digitados os códigos certos), pelo menos deixem-me
perpetuar o segredo de algumas misturas

PEQUENO SUTRA DA MAIS COMPLETA IGNORÂNCIA

não sei migrar para o sul quando chega o verão, nem caminhar
sobre o carvão em brasa

carroças já não passam por minha boca

desconheço regras de retórica, o manejo de sombras, tipos exóticos
de peixes, datas e aparatos de cerimônia

sei que tenho 32 dentes, leio livros e jornais, vou ao mercado e
ao cinema, escuto música clássica e popular, e posso dizer de cor
os números dos meus documentos, além de uns poucos poemas
aprendidos há muito tempo

teimo também em me lembrar dos conselhos dos amigos, que
permanecem vagando desacertados entre frases que de algum
modo saltam prontas de minha garganta

não posso, apesar de grandes esforços, distinguir o fútil do
necessário, o que me vale tantas horas misturando fadiga e prazer

nenhum balanço pode ser feito

apesar de meus olhos e meus pés se considerarem autossuficientes
na avaliação das distâncias, acabo sempre por tropeçar numa
pessoa ou numa pedra

DISCURSO AFÁSICO NO CENTRO DA CIDADE

essas perturbações chegam por todos os lados e meios

a garganta sempre interrompida por alguma pancada, os olhos
abalroados nas calçadas, as vitrines interpondo luminosidade e temor

não, nenhuma imagem poderá reter, e permanece desarticulado sob a
língua, e se subtrai das fotografias ou vaza de qualquer disposição solidária

padeço dessa incerteza primitiva, deambulando da suspensão de qualquer
afirmação à remitência da frase dos populares oferecendo suas bugigangas

por que efeito ótico, por que alteração mórbida, por que afecção
sonora essas disparidades me conformam

eu poderia não ter um olho, ser banguela, maneta, capengar, mijar
sangue, ter estigmas pelo corpo

poderia comer vidro, iludir passantes, fazer embaixadas ou simplesmente
afixar num pedaço de papelão os garranchos da minha biografia

por vezes a coisa é simples e basta querer, basta anunciar, basta um
gesto ou produzir qualquer sinal compreensível para ser inserido na
vigência ou no refluxo da multidão

mas não, os rumores são logo abafados, dependurados do lado
de fora das bancas de jornal, apregoados em panfletos que não
sobrevivem por mais de dez passos

e a indignação comentada nas filas dos caixas, o suplício público
dos pedintes, a reverberação do calor corporal ou apenas a deriva
transeunte da tarde de segunda-feira, todo clamor encontra, em
meio a seu mutismo, sua consumação

COISAS DEMAIS

abrigar (rostos de nomes, ruas de lugares, cidades de casas, livros de frases), ordenar, comer, dar os telefonemas necessários, ter uma paixão transpirando em algum ponto do mundo e do corpo, cuidar do corpo e do mundo, corpo subsistente em determinada posição, a salvo ou na mira de algum perigo, mundo exibido aos sentidos em diversas superfícies luminosas, cortinas de som, suavidade de um tecido, mas um mundo sempre local, parcial, limitado pelo alcance e pela vontade do encontro, então necessário

sentar-se nalgum ponto implica calar muitas vozes prementes, emudecer timbre, espessura, comprimento, sufocar aflições que partem de pontos limitados e parciais do mundo, seja em qualquer dos lados da epiderme, seja convertido em fluxo sangüíneo e contração muscular, seja uma suspeita, um sussurro entreouvido ou pressentido, vindo, em aparente paradoxo, de parte alguma, de um ponto vazio, onde não se pode sentar-se, nem mesmo calar

ou dirigir-se, ou imprimir-se, tomar pulso, dar vazão a um aguilhão (escolhido, sabe-se lá como, de dentro do tumulto), o que implica em certo alívio, embora temporário, na pressão do sistema, marcando a passagem do corpo pelo mundo, marcas anotadas, lembradas, revistadas, e que por serem assim tão preservadas se tornam partes efetivas do corpo, apêndices entre o corpo e o mundo, órgãos oficiais dos movimentos de felicidade

ademais, a contrapelo de qualquer utopia, não há confim possível, nem mesmo um fim possível, que não seja o fim de todas as coisas, o apagar definitivo de todos os mundos e todos os corpos, um armagedon particular das forças instiladas nas fibras, do curso dos fluidos, das conduções elétricas que permitem erguer um copo ou evocar um rosto e ligá-lo a um nome ademais, à proa de qualquer profusão, viver implica esquecer a maior parte dos rastros e concentrar-se no balanço imediato do corpo, nos afagos, no júbilo de ver, toda manhã, a geografia e a história do corpo se reconstituírem no mundo, a musculatura se redesenhar diante do corpo da mulher, que se mostra, que se amplia, que se abre em pernas, cheiros e líquidos

SE NÃO FOSSE A SORBONNE E O SABONETE PARA PELE MACIA

1.

repetidas vezes, AVL quer ser poeta: vem com aquelas palavras asseadas, que não mijam em banheiro público, dobras de panos que não arrastam na lama, incutidas por unhas que nunca estiveram atochadas na graxa
quer encontrar a frase iluminada, mas não por lâmpada de supermercado ou lanterna halógena raiovac, quer a luz escoada em página de livro, em cidade desaparecida, cintilação interior, como ela diz
ela é sabida, visita paris uma vez por ano, tem a última versão (importada) da ciência estética, estudou oito anos de piano e não escuta música popular há muito tempo
apesar de craque em lítotes, dáctilos e trocaicos, recusa-se a se debruçar sobre as bielas e o diferencial que fabricam o movimento do seu carro
vou dizer a ela: quando o motor não quiser pegar, você vai acabar tendo de mostrar a bunda pra galera
(AP depois comenta que AVL seria escritora se não fosse a Sorbonne e o sabonete para pele macia)

2.

AVL argumenta que motor de caminhão não é coisa feminina, prefere botinhas, chapéus e a pronúncia correta des habits de fin de siècle
sei lá, o que pode ser mais feminino do que um maverick 72, verde-abacate, com o radiador furado (no porta-malas, uma garrafa de plástico cheia de água da bica para completar o nível a cada parada)

o feminino não anda assim em dicionário, nem nas declarações
apimentadas em página de revista, nem em tese de faculdade
eu vi o feminino outro dia, na TV, quando B. reclamava que há
muito tempo não lhe passavam a mão (fiquei sem saber se é ela a
dona do maverick)
ou quando FB me disse, na beira da praia, que sexo é tão bom
quanto pão de queijo e água de coco

OUTRAS VIDAS, A MESMA

NO VÃO DA MADRUGADA

1.

À distância, vejo, ela se coça. E se toca. E se roça. E se explora, em tudo distraída. Uma apostila indecifrável troca de mãos. E a outra mão, a vaga, tateia a virilha, o umbigo, a batata lisa da perna, sente o tecido da calcinha, a alça branca sobressaída, a aspereza possível da sola do pé (amanhã de manhã, talvez, mereça a lixa). De vez em quando, quando levanta, para buscar água, eis que a bunda abocanhou o tecido: precisa então retirá-la, folgá-la, cobrir de novo o rego e voltar a ser, caseiramente, casta. Logo torna a sentar, uma perna aberta, abraçada à coxa. Lendo, ainda, continua a se percorrer sozinha, estendendo a superfície externa enquanto fica mais íntima do texto. Já é tarde, porém. Boceja. Fecha as páginas. Olha o infinito. Acho que nem me adivinha. Levanta-se e, de frente, descaradamente, abaixa o sutiã por inteiro, ajeitando-se para dormir. Olha os peitos, miúdos. Alisa a barriga. Volta o sutiã ao lugar mais exato, mais correto, de um suposto conforto. Então sai do quadro da janela. Por uns minutos, fica o cômodo vazio (mas cheio de expectativa). Volta com um lençol fresco, dobrado, passado, que cheira. Lavanda? Abre o lençol sobre o sofá-cama. Caminha até a porta, dá mais uma volta na chave. Ajeita de novo a briga da bunda com a calcinha. Na parte da frente, suspende o tecido, como se fosse para permitir uma respiração. Boceja. Vai até o interruptor. Por alguns instantes, não faz nada. De pé, parada, não se move. Depois, tira a calcinha e a coloca sobre a mesa. Mas não passa a mão na pentelheira. Não conserta nem mesmo um pelo de seu desacerto, da selvageria negra. É a única coisa indisciplinada na figura, sob a luz da lâmpada solitária que pende do teto. A única revolta. O resto está acertado, liso e sem interrupção. Só ali é que não se escorrega, é que tudo para. Boceja. Por fim, apaga a luz. E faz do negrume que era apenas um ponto devorar todo o quarto.

2.

À distância, ele me vê, e eu me coço. E me toco. E me roço. E me exploro, em quase tudo distraída. Troco, indecifrável, uma apostila de mãos. E com a outra mão, a vaga, tateio a virilha, o umbigo, a batata lisa da perna, sinto o tecido da calcinha, a alça branca sobressaída, a aspereza possível da sola do pé (amanhã de manhã, talvez, mereça a lixa). De vez em quando, quando levanto, para buscar água, eis que a bunda abocanha o tecido: preciso então retirá-la, folgá-la, cobrir de novo o rego e voltar a ser, caseiramente, casta. Logo torno a sentar, uma perna aberta, abraço a outra coxa. Lendo, ainda, continuo a me percorrer sozinha, estendendo a superfície externa enquanto fico mais íntima do texto. Já é tarde, porém. Bocejo. Fecho as páginas. Olho o infinito. Acha que eu nem o adivinho. Levanto-me e, de frente, descaradamente, abaixo o sutiã por inteiro, ajeitando-me para dormir. Olho os peitos, miúdos. Aliso a barriga. Volto o sutiã ao lugar mais exato, mais correto, de um suposto conforto. Então saio do quadro da janela. Por uns minutos, fica o cômodo vazio (mas cheio de expectativa). Volto com um lençol fresco, dobrado, passado, que cheiro. Lavanda? Abro o lençol sobre o sofá-cama. Caminho até a porta, dou mais uma volta na chave. Ajeito de novo a briga da bunda com a calcinha. Na parte da frente, suspendo o tecido, como se fosse para permitir uma respiração. Bocejo. Vou até o interruptor. Por alguns instantes, não faço nada. De pé, parada, não me movo. Depois, tiro a calcinha e a coloco sobre a mesa. Mas não passo a mão na pentelheira. Não conserto nem mesmo um pelo de seu desacerto, da selvageria negra. É a única coisa indisciplinada na figura, sob a luz da lâmpada solitária que pende do teto. A única revolta. O resto está acertado, liso e sem interrupção. Só ali é que não se escorrega, é que tudo para. Bocejo. Por fim, apago a luz. E faço o negrume que era apenas um ponto devorar todo o quarto.

FORA DE LUGAR

Ao entrar no banheiro, ele acende a luz e nota, na beirada da pia, a escova de dentes dela. Jogada, fora do devido lugar, do copo compartilhado com as outras escovas, a escova estava, porém, no lugar de hábito, pois ela nunca a punha em seu lugar. Mas ela não estava mais lá, e a escova não devia estar em seu lugar, isto é, fora de lugar, e sim estar no lugar devido, no copo das escovas, onde nunca estava. De dentro de sua ausência, da falta que ela fazia, porque estava fora da casa, fora do lugar em que deveria estar, sua escova fora de lugar, marca do seu descuido, a repunha no lugar que era o seu, caminhando entre essas paredes, deixando as luzes acesas, perdendo as chaves, largando papéis na mesa dele, migalhas de biscoito no teclado, copos de café por todos os cômodos. Fora de casa, a casa ainda obedecia à sua desordem. Na ordem dos seus descuidos, na desarmonia que os alinhavava ao chão e às paredes, uma escova de dentes já gasta confundia o dentro e o fora, fazia do íntimo um avesso que, àquela hora, caminhava entre outras paredes, esquecia outras luzes acesas, perdia chaves de outra porta, amontoava outros papéis em outras mesas, largava migalhas entre letras alheias, ou quem sabe nem mais comesse massa, talvez tivesse largado o café, ou tenha começado a beber, mas era certo que ainda escovava os dentes, e que devia deixar a escova fora de lugar, o que, de certa maneira, fazia que ela não estivesse totalmente onde estava, que sua boca continuasse ali, com ou sem farelos, batendo a escova três vezes na beirada da pia e, metodicamente, se esquecendo de colocá-la em seu lugar, mas a colocando, de fato, no lugar que era o seu, no seu desacerto, que tanto e tão pouco convinha àquela casa já sem paredes, nem portas, nem luzes, nem chaves.

DE COMO E QUANDO SE DESCOBRE UMA FALCATRUA

Maio acontece em seu corpo, enraizando-se, enchendo suas pálpebras de azul e de frio aquoso. O grito mais moderno, propagado por alto-falantes e em letras garrafais, ainda vibra em seus tímpanos: não, ele não deseja comprar nada, não quer saber das teorias da apropriação, nem da atração do metal e das demais virtudes capitais ao sucesso. Quando perambula pelo centro, como agora, mesmo parando de vitrine em vitrine, quer mais é perder-se entre cores e formas, infiltrar-se de abismos. Está certo, quando finalmente chegar em casa, terá de fazer isso e aquilo, consertar a dobradiça da porta, digitar a cota de todo dia, cada toque vale R$0,007, distribuir broncas e beijos entre os filhos, preocupar-se com o não-andamento de teses, livros, resenhas e demais promessas. Na rua, porém, o caminho mais longo entre dois pontos é sempre uma manchete revoltante, uma nova edição da senhora H., um cabo de guarda chuva diferente. Entra numa loja e pergunta se tem o CD novo da Suzanne Vega, ou um antigo da Diana Krall; não, não tem, já sabia disso. Ele até deseja comer uma esfirra, tomar uma coca-cola, mas está tentando fazer uma dieta, perder 5 quilos. Passa direto. Pensa que ter fome por algumas horas é até divertido, pois dá para sentir o estômago vivo. Enquanto caminha, vai repassando na cabeça algo que pretende escrever quando chegar em casa:

maio entreaberto num dia de chuva *(esse é o título)*
nada além do tempo me procura
sentado num banco num afã do centro da cidade
a contrapelo da balbúrdia, do ruído das entranhas,
minhas ou do metrô

nada me perfura, nem astúcia ou turra
só o murro lento do que passa e acumula no
bulício impalpável de vísceras
e nas tábuas verdes atravessadas sob as nádegas,
a sustentação dos ossos e dos músculos
encorpando o vazio
nada me distingue do pleno, do jorro de pedra da
boca dos leões
desertado de gente e carro
nada me enxerga em ambos os lados da retina
nenhum susto nem intercessão entre ritmos
de rodas, de asfalto, sêmen e de lixo atirado na
calçada
nada perdura, arvorado, neste banco pintado
de verde
só a chuva
mas que importa, trajes, carapuças, tatuagens,
certidões, constipação ou a cor do desalinho
mas que importa a memória e suas pipas, balões,
livros já sem sabor
a empunhadura genital
nada conspira, nenhuma trama
só mesmo a água
e a ínfima areia passageira do vento

Mas tem dúvidas, fica pensando se não está lírico demais, fundado em imagens, e ele está fugindo de imagens em poemas, anda atrás das coisas mais palpáveis, sólidas. Quando chega ao edifício Marquês de Herval, resolve dar um pulo no Berinjela, ver se tem a *Carta ao pai* do Kafka. Um dia ele também vai ter de escrever uma carta a seu pai que, apesar de morto, ainda o assombra. Não tem.

Espia entre as novidades. Não, alguém passou por ali antes dele. Sai. Subindo as escadas em caracol, outro fragmento lhe vem à mente, daqueles que não se resolvem, mas que também assombram (talvez ele possa inseri-lo em algum lugar):

> dentro do ônibus que atravessa a Rio Branco
> dentro da velocidade e da freada
> dentro do troco
> acordado, alimentado, envelhecendo com todas as juntas, com as arruelas, com a napa preta do banco
> com o braço cansado do motorista, com a estridência do motor
> em rotação e translação
> até chegar à Praça da Bandeira e incerto descer
> vendo o ônibus se afastar
> separar-se de meus sentidos
> do fígado, dos intestinos, da digestão e da fome
> e caminhar a pé até em casa

Quem sabe se entrar de fato num ônibus na Rio Branco, qualquer ônibus, sem se preocupar com o destino, ele consiga continuá-lo, ou abandoná-lo de vez... Só então se dá conta da incongruência: quem pega ônibus na Rio Branco não pode estar indo à Praça da Bandeira, pois é a direção oposta. Apesar de parecer pouco importante, isso o incomoda. Quando foi que inventou um absurdo daqueles? Para ele, é mais uma prova cabal de desonestidade, de que precisa ir mais fundo, cavar nas entranhas algo mais genuíno, que não pegue um ônibus inexistente, que não tome uma direção falsa. Então entra num táxi e diz ao motorista: “Praça da Bandeira, por favor.” É a sua maneira de ser mais honesto.

EMPIRISMO NA ZONA NORTE

A alternativa que ele encontra é atravessar o túnel Rebouças. Com tudo socado num caminhão, vai parar num predinho pichado e de esquina, sem porteiro, elevador nem garagem. Instalado, caminha pela vizinhança, decora o nome de coisas e gentes, come porcaria nos botecos locais, faz a ronda dos comércios. Deixa os barulhos sobreporem suas camadas de gritos ouvido adentro: o cara da frente que põe rádio e televisão bem alto na calçada, o garoto de baixo que só escuta heavy metal no último volume, a igreja do bairro que badala seus sinos inapelavelmente às seis e meia da manhã, o mascate de pão-doce e sorvete, só paga um real freguesa, que com seu megafone faz ponto diante do portão todo santo dia. Apesar de a rua ser pequena, não tem como ficar à parte do volume dos motores: por alguma razão, os caminhos que levam a Roma passam por ali, a gente que só anda vociferando passa por ali, as crianças do mundo inteiro correm todas as tardes da professora de goela potente no pátio da escola do lado. Não, não dá para se livrar da lei da contiguidade. Ele desce à rua, negocia com o flanelinha local para não ter a pintura do carro arranhada, e tem de engolir o cara da birosca que coloca 50% a mais em tudo o que vende (e o pior é que vende de tudo). Querendo ser alheio, já se vê articulado num universo de síndico, bombeiro, carteiro, dono de bar, o cara da luz, o cara do telefone, o cara da água, o cara do gás, o cara da segurança, e mesmo aqueles que apenas cruzam a rua e nem olham para cima, e mesmo os que varrem a rua quase que em silêncio. Basta estar ao lado, basta estacionar na frente do portão, basta fazer omelete às duas da manhã, basta ter um cachorro pequinês, basta ter um problema no automático da bomba d'água, basta acelerar, ou frear, ou embrear. Lentamente, imediatamente, mesmo tendo a impressão de ser um corpo estranho, mesmo manejando a mão-dupla da rejeição, os lugares de conforto começam a aparecer. E num desses dias, ele acorda querendo colocar um som mais potente no carro.

VENÉREAS

Non vi si pensa quanto sangue costa

Dante

THE ODD LADY

minha boca larga, o nariz largo, a anca larga, o olhar largo, a calma
larga, o passo

não, o passo esguio, o medo esguio (estampa do corpo), os ossos
esguios, o sexo esguio, o negro, o rosa, o pálido, a demora tênue,
o aperto tênue e túnicas, diários, papéis, baús, cartas escondidas,
cultivar o jardim privado, a janela, o piano e meu quarto

essa intimidade exígua, esparsa em cômodos, arredores

em meu dia ensolarado, úmido, iluminado, ofegante na subida do
sol e da ladeira, rarefeito no raso

emergido da sombra, carregando uma imponderável maresia, além
do rangido na porta, e algum trinado alheio

entre mudanças imperceptíveis, entre os sentidos e o sentido, entre
meu olho e o que vejo, entre minha orelha e o que escuto, entre
a sede e a água, embaixo da saia, na flexão dos joelhos, no giro do
pulso e dos tornozelos, nos comichões

a vida esguia, de esguelha, a monja obscena que veste minhas
roupas, minha noite, meus ossos e se curva sobre rolos de papéis
amarrados com a fita acetinada do silêncio

A TERCEIRA MORTE DE M.M.

1.

sempre disse, este é um lugar onde me dão tanta grana por um beijo e uma moeda pela alma

e tudo bem, podem me esbofetear, não será a primeira ou a última vez

recusei mais de um casamento por dinheiro

mas venho vendendo todos os meus sorrisos, mesmo os que ainda não tive, ondulações de carne, apertos de músculos

e deixo me enfiarem a mão sob a saia sem nenhum sobressalto de voz

olha, eu dou para qualquer um que queira me pagar uma semana de aluguel ou acene com letreiros luminosos

ainda que levantem dúvidas sobre meu talento

se não passo de uma criança estúpida, manipulada por todo tipo sem escrúpulos

ou se de fato há algo de inigualável em minha presença, além é claro do volume da bunda e da angulação dos meus peitos

mas sobre isso, carrego o argumento imbatível: para mim, tudo é possível

2.

somente a luz se fixa nas curvas do meu rosto

o amarelo sobreposto à raiz escura dos cabelos e uma calma recém disposta entre o olhar e o aceno nenhuma sombra de vômitos, barbitúricos, estimulantes, tranquilizantes, moderadores de apetite, de manchas nos dedos e nos dentes

nenhum resíduo de insônia, roer de unhas, incontinência urinária, de marcas deixadas pelo peso anônimo dos tantos corpos sobre o meu

nem lembrança de nomes, pessoas, clínicas, becos e bancos traseiros de automóveis

ou de quando acordei assustada em cama desconhecida

agora em meu corpo não cabe mais nada

a não ser a pele clara, um arrepio de vento, o discreto e proposital franzir de cenho

e o toque final, incessante indagação

até quando

3.

reconheço a crueza no meu corpo desbotado

agora que a vida me abandona sem barulho

jornalistas e outros patifes vão dizer amanhã como foi trágica a minha morte e todo esse blablablá

mal sabem eles

essa é a mais fácil das aventuras

duro mesmo foi acordar e continuar vivendo, mal sabem eles

não veem nenhuma virtude na ignorância

nem intensidade nas mentiras que contei

ao diabo com as homenagens, missas e rezas, enfiem no rabo as retrospectivas, as tiragens especiais, os selos comemorativos

sempre deixei claro, prefiro o assobio do servente de pedreiro quando atravesso a rua de malha colada e sem calcinha

gostei mais dos caras comuns, rudes e até meio violentos

no fim das contas, sempre acabava dormindo sozinha, envolta em aroma e pesadelo

aprendo, diante do corpo esvaziado de toda dor

trágico foi ter tão cedo vislumbrado um caminho e tê-lo seguido apesar de tudo

mal sabem eles como foi tranquila esta última decisão, tomada no final da tarde, ao sair do banho

senti que a coisa toda já dera o que tinha de dar

assim, depois de telefonemas e anotações inúteis em meu diário

sentei-me na beirada da cama e meio sem querer, soltei a terrível gargalhada

GARDÊNIAS PARA ELEANORA

1. (aos 10 anos, internada numa instituição católica)

mama

pergunto-me o quanto mais posso suportar se já não aguento o peso das pernas

perguntei aos joelhos ralados, ao pulso dolorido, ao ouvido, aos olhos fechados

em todo lugar eram quatro paredes e eu sou apenas um fiapo de voz, um nome branco

não sei quantas vezes tive de morrer, ainda

agora eu nunca mais quis um homem sobre mim, agora eu nunca mais sangrarei

eu já sei saber entrar pela porta dos fundos, sentar-me nos bancos de trás

nunca falava mais alto do que ninguém

aprendi poder lavar calçadas e banheiros, e com esses noventa centavos eu não posso mais apanhar

a puta lá da esquina me deixa ouvir a vitrola com o Louis Armstrong se eu cuidar da calcinha dela

2. (aos 14 anos, condenada na Ilha do Bem-Estar)

mama
sempre tive um fim

e meu fim começava há tanto tempo quando eu ainda nem era pequena

comecei em você, no seu prazer proibido que me concebia

hoje, calo-me há mais de um ano, repousei meu diafragma longe dos salões enfumaçados

fumar, quando mereci, beber, quando me esquecem escondida

todo o tempo que eles trazem a minha voz aqui, ela ficou girando distante da minha contenção

mesmo assim rio, rio muito, mesmo até quando souber que os cachorros latem é para mim

logo vou estar inalcançável, de volta ao murmúrio que se segue ao estalar batido dos meus sapatos

logo, não sei se um dia saí daqui, quando encher uma casa com 125 amigos e umas latas de feijão vermelho

minha pena, cumprir o vestido seda e os sapatos agulha, pagarei como souber

3. (na cama do hospital, pouco antes de morrer)

mama

a vida passou num mar de rosas, já disse, pode ler isso nos meus olhos

pode ouvir no rádio, ela canta que nasceu para ser beijada, mas achei que ainda nem nasci

de mão beijada, nada, nem agulha nem fagulha

as enfermeiras, eu moribunda de braço atado, de caras me olhando lá, de sobretudo denunciado que é cana

não era só de porrada, de picada, de cagadas e fodidas, fui também aquela viagem de ônibus

e quando ouvi o balançar dos corpos pendurados nas cruzes, toda essa gente atrás de mim

deixa me trazerem aqui sempre, espiar em todos os meus buracos

vasculharam meu sangue e minha doença sempre ficou alheia

eu sei bem quando e onde me pintar de vermelho

interessa pouco quem vai pagar a conta, essa chaga não pode crescer fora de mim

CORPO SOLO

(1998)

Nous sommes dans nos mains ou en plein océan

E. Jabès

SOLO PARA O CORPO E O MAR

1. PERCURSOS NO INTERIOR DA ÁGUA

o mar, às vezes distante, na outra margem da rua, do lado de fora
do olho,
tombadilho vagando popa e proa,
cruzando cardumes, algas, carregando sal para outros mundos,
outros dias o mar invade, empuxo que arranca viagens,

ondas e espuma na arrebentação das pernas,
dentro dos sapatos, inflando a camisa, a calça, dão asa ao terno, dão
teso à perna,
erguem o abraço num horizonte que molha e orla,
apagam intervalos, separações, e fazem da erosão um gesto,

fundear, sem âncoras, sem escada,
escutando no raso da terra o trabalho da areia, a vigília da calçada, a
canção do mergulho,
aprumando ventos que levam, trazem,
guardar na gaveta a tormenta, o maremoto, à espera do abrigo da hora

2. ÂNGULOS DA MÃO PARA ABRIR A ONDA

mão para atravessar o mar, nadar o que ele tem de areia, resto de
navio,
socorro que boia em garrafa, brilhos de sepultamento em relíquias,
seguir prodígios em gaivota,
aparar o rumo no marulho, conter o afogamento do braço,

aceno que fratura a vaga,
onde não há deserção, nem ferida estacionada na casca do olho,
somente o galope curvando o torso, aguçando a mistura de sal e carne,
pelo barulho dos músculos entreabertos escapa tensão e movimentos,

barcaça, prancha e jangada penetram o osso,
naufrágios rangem nas articulações,
e muito grito virando crosta na epiderme, de peixe, de homem, de
concha,
até quando não existir atrito nem ficção, quando o corpo se lança e
emerge

3. MAR ANTIGO

vejo em seu rosto os desenhos que trazem a montanha,
água e vento estourando na armação do riso,
contorções de onda nas fibras do pescoço, areia imprimindo tempo
        no anteparo dos olhos,
no golfo das mãos os passos da imersão,

outros homens e seus primogênitos sentaram-se também neste
        mesmo lugar,
nestas margens, sob este sol,
a mesma maresia untando anéis nos cabelos,
a sombra da rocha carregada de arrepio ganhando aos poucos o
        perímetro do cenho,

e antes deles, onde era o fundo do oceano,
ou quem sabe caminho de baleias, pouso de pelicano, palmeira,
        pegada de índio, e antes ainda, balanço de lava,
este momento, ao meu lado, dentro do meu corpo,
careta na boca do meu filho

4. GEOGRAFIA DE UM CORPO NA EXTENSÃO DA AREIA

tudo aqui circula e redunda, robusto e a pino, descalço borbulha,
trabalha,
mesmo na areia, à margem do peito,
ou ainda descendo do ônibus, fazendo morro e gume, sedento,
rasante aquilino sobre a espuma, avoluma-se na veia,

medido em tórax, alçado em tônus, luzindo na coxa,
sela, força e lombada, vertente captando dia e noite,
despejo de cor e janelas que aproxima o sol dos regos, do torno,
do íleo,
todo oco que funciona, abriga e expele, luta e respira,

resvalo de quadril, radiano, bissetriz, tenção e prumo na cor da
pele, da orla,
água misturada no sangue, golfada,
lavado e banhado de sal, úmido de todo o mundo, das correntes, da
brisa,
único e plural sob a luz do trópico de capricórnio

DOIS MOVIMENTOS PARA UM ARREPIO

VERSÍCULOS GEMELARES (GÊNESIS)

para Luca e Felipe

num princípio não havia verbo, nem cisne, nem eco,
e era somente pele sob a face do abismo, fluido despertando tecido,
e as sementes abriram força e destino, primeira força no caminho
  da manhã,

e deu-se a luz entre pernas, e novamente, a fórceps,
e soprou-se fôlego nas narinas por onde passaram os gritos, o
  embaço dos contornos, a mecânica do olho,
e as superfícies esparramavam arrepios na ignição dos mundos,

e houve dobradiça, alavanca, roldana, terra se firmando para os pés,
  mãos prenhes de forma despejando resistência,
e o dia se encavalou na noite, quando tudo era solavanco, grito,
  esperneio,
e nunca mais houve o sétimo dia

BUT EMILY DICKINSON

sentada entre abelhas e pensamento, sonhando a luz que se encosta
nos telhados e janelas,
divagando verde-árvores, amarelo-ouro,
cartões postais espalham pelo colo as beiradas e emanações à hora
em que ela se espanta,

penso sua mão sem anéis, suas camisolas de seda, suas tintas,
todos os oceanos que não viu, as festas noturnas às quais não foi,
seu silêncio maciço e inteiro inquietando os vizinhos, sua reclusão
sonora entre livros,

quando se deitava, quando acordava por nada em meio à noite,
quando comia biscoitos com leite,
suas fases não bebiam brindes, gargalhadas, comenda,
penso a bunda, sim, a bunda branca de emily dickinson

PERIPATÉTICOS, CITADINOS E VAGABUNDOS

1. VELOCIDADES PARA O PASSEIO PÚBLICO

passo espremido entre paisagens, fibras de aço, dobra de carne,
        embalagens de plástico,
entre rostos, jeitos, por bibliotecas de olhos, dentes e dedos,
coletânea afinada de afobamentos,
escuto o dia rebatido na retina sem pressa,

no claro, na sombra, solavancos desaceleram as pernas,
um pico de morosidade assalta-me o torso, desoculta intervalos,
        espaço de praça e beco,
uma fratura revela o raro, a centelha,
mosaico de ímpetos, raso e tropeço,

entardeço, cromando, no espessamento das costas e do peito,
deito-me panorama sobre o cimento, com rachaduras, com as
        fintas, traçado de relentos,
abro clareira e fôlego cosendo luz em gente e rua,
ventania sentado num banco, lendo

2. TARDE ESCULPIDA NO ROSTO

fachadas correm por minhas pernas, no ritmo do sangue batido
    no passo,
contenho a colisão, o encontrão do ombro com o dia,
começo um arrastão no meu pulso,
sotaques fremem na curva da bacia, sedução e apetite para a mão,

passando, esqueço alvitres em copa de amendoeira, em rococó
    de portão,
ganho volume no rádio, alargo-me entre arcos e becos,
alterno minha altura com a da calçada,
andaimes e ninhos abraçam, estendem, e me cospem entre
    os automóveis,

encontro o recuo, o fausto, considero o bueiro, o incauto,
invento desvios e ruelas, promovo rompante e impasse,
arquiteto desses pasmos, caminho por tragos e resvalos, retendo na
    pele o que largo,
assino contrato com o vão

MATÉRIAS DO ESCURO

1. SÓLIDO COMO A NOITE

negror, lua fechada, imobilidades avançam sobre o diafragma,
ruídos de um conto noturno abafados sobre o travesseiro,
a parede experimenta o corpo, massa quente e sanguínea arregalada
        sobre a cama,
segredos espreitam na calada da porta,

ou lá fora, escancarado e seco,
arrepios reverberam alarmes por lâmpadas e vidros,
barulhos de coldre e coturno atravessam o asfalto,
remoção cirúrgica da evidência lavando a madrugada,

ou o lodo bem fundo na lagoa, braços e pernas anônimos sobre
        as pedras,
transeuntes engolem breu na areia da praia,
um silêncio corta a cidade no porta-malas de um táxi,
enquanto súbitos ruminam o sono antes do dia acordar

2. FÍSICA EXPERIMENTAL (OU UM BILHETE SUICIDA)

pela escuridão, no acaso de um ponto em meio à claridade elétrica
    da página,
infinitas vidas podem passar: retas, cortes, a sentença derradeira,
ou o grito espatifado ao cair do sexto andar,
sorvedouro dos mundos possíveis na tangência da palavra morte,

nos alicerces do corpo, o sismo interior,
a mão desgovernada sondando cada vertigem, cada tentação,
e tudo o que ficou ileso entre as funções orgânicas, na maquinaria
    arraigada do fôlego,
sintaxe do motim, à proa do vácuo absoluto,

percorrer o limite da implosão,
em busca da fração de quietude comprimida nas costelas,
o múltiplo incomum, vetor do empuxo onde me deito,
desmesura encorpando o vazio, rarefação do instante
    em movimento

UMA ESTAÇÃO EM PARIS

1. GARE DU NORD

algo para se fazer da vida: meter uma bala nos miolos, tragar
assombros no haxixe,
correr nos trilhos a expansão do meu extremo, a insensatez dos
meus fluxos,
embebedar-me entre putas e baratas num hotel sujo,
angariar passagens de ônibus e avião em leito de viúva,

subúrbios, confins, todo lugar ensolarado, toda casa ventilada
pelo mar,
em multidão, repleto de calor, ou num bar de quinta categoria,
sem trancas nem baús, sem sanidade nem acúmulo de papéis,
conseguir cuspir enfim o pigarro sedentário,

deserção, aridez, desperdício: ofícios para cavar algum destino,
para alcançar a efervescência, ou o limite da perna,
valer-me da fome, do ócio, da fuga
e do charme tranquilo de estar sempre chutando o pau da barraca

2. GARE DE L'EST

possuo somente o que me carrega:
becos, meandros, tudo o que circula e viola a trava dos sentidos,
mesmo entre meus semelhantes, ou do lado de dentro dos olhos,
anônimo e evadido,
não me contagio onde não cabe o volume do meu risco,

copos de cerveja não me deixam rastro,
subsisto nos arredores do que digo e do que penso, na tensão de
cada ferimento,
não volto atrás nas cicatrizes, nas tatuagens ou nos dentes que já
se foram,
amigos à deriva me servem de salvo-conduto,

pego o abrigo da hora instável da madrugada, entre os que se
expõem no exterior dos muros,
aventura e composição de desatinos,
meu rosto, remoto, anuncia a ânima dos esquivos,
com o mar e a rua, com o mato e a montanha, frequento a
escavação dos meus despojos

DISSECANDO A VULGATA

1. INTRODUÇÃO À CIÊNCIA DO AFAGO

precisa-se de todo o corpo para vê-la, junta, prega, sobra e perícia
          nos movimentos de investida,
desde o cerco e por toda a aventura, por panos e botões derrubados,
a cada palmo de conquista,

escondida e vaga por todo lado,
espremida, meio besta e deslocada, de cabeça para baixo, malhando
          na praia ou fazendo alongamento na academia,
seu cheiro reservado escapa às vezes pela axila e se solta, ácida,

alivia-se quando enxaguada, no banheiro ou na cama,
maior que a carne e as dobras, muito mais que desenho e
          ornamentos, além do vazio que recebe e expulsa,
um grito cedido na tarde exulta

2. LADIES ROOM

aos saltos, alternando alegres o assento,
quatro delas dizem e riem sílabas de água:
líquido quente que vaza pela válvula, passagem de perfume em
        cascata, esguicho da pálpebra vermelha,

na fala interina, emoldurada na louça e na maçaneta,
rijos chiados encharcam as paredes, recortam e eriçam o espaço,
        descarregam toda a casta de respingos,
paisagem crespa e erguida por azulejos onde o arrepio esbarra,

ávidas e superpostas, entreabertas, confessam e cheiram destemperos,
contam o emaranhado esquecido do olho, guardado para as dobras
        do lençol,
corredeiras que se crispam na surpresa do intruso em audiência

PROSA DO CHÃO

Há várias maneiras de um homem rachar

F.S. Fitzgerald

1

caminho entre o olho e paisagens: mundos de ferro, camadas de sal,
        escoadouro e fonte de relevos
visto-me de retiros
tenho dedos pobres em anéis e bênçãos
na língua, repleta de ermos, o impronunciável gosto da proximidade
meu corpo estrangeiro só pede o remansado dos ossos e meia
        colher de calor para o estômago
posso acolher sem dor o arcabouço do espinho ou o arranque
        secreto do riso
minha geografia remota permite burilar o espaço entre as mãos:
        lampejo, mina

2

não sei mais por que rua crescer
se me alongo no engenho do pavimento ou no esquivo do beco
se demoro destrezas à luz do dia ou me turvo em canhestro
vacilo entre surdinas, entre portas e janelas, precipitados do sangue e da tinta de jornais
ladeiras galgam e declinam meu olho, túneis correm e recuam de meus pés
em minha roupa, feita de colisão e embaraço, a marca hasteada da batalha: desenvoltura do asfalto

3

em cada corpo, um afluente
todo álcool me dilata e espalha, pulso
sabor, margem, meus pés em dança volátil
procuro olhos e manejos que deem iminência e voo ao gesto sólido
posso avançar por sinapses, por dobradiças da língua que dizem meu
estreito, por vesgos que multiplicam a extensão do meu abraço
abarcando o longo da noite, o dia infestado e difuso no hálito

4

concebo um corpo de acolhimentos
abrigo açodado, hospedeiro de praxes e uso
cadeira gelada de bar, calçamento de mármore gratuito: no couro e
          na carne espigados contra a grade, os ângulos da habitação
sobre meus ossos, dentro do quarto rangendo abusado, o peso
          improrrogável, a pronúncia copiosa e ampla das máscaras
de pernas abertas, retomo a viagem

5

sigo com o pó: tino de cinzas, manhãs do passo rachado
varro o silêncio do andar descalço, caminho de um desmoronar
          para cada dia
sina tosca, farpa
recolho indiferenças e resíduos de sorrisos
migalhas decompõem minha diligência
na carquilha do rosto, o dia rugoso convém de corpo inteiro:
          costelas e cotovelos, pentelhos e mamilos
percurso curvado do músculo
entre frestas e farrapos, conduzo a paciência de um ofício

6

perambulantes, os pés e o pulso palpitam na rua
tudo o mais, circula: demolições, quartos estilhaçados, gavetas que
    permanecem abertas
tangências se alastram entre passantes, coletando quadril, sombra,
    janela no décimo andar, ronco sobre o banco
cresço, quebro, rasgo
na calçada, antecedências e pedras prorrogam meu curso
vestígios calados, aos encontrões, rumam meu vasto

7

percorro o dia que meus olhos sujam
dia sem céu, meu corpo entroncado ao pé do muro
participo do que não tem dentes
recolho o que tropeça, o que rasga o dedo
minha fome possui abismos devassos
de manhã, meu fígado gela a calçada; a noite prossegue mordendo
        meu pulmão de granito
a rua que mora em meus braços tinge meu sonho de betume
cotidiano áspero, cimento: dicção das certezas esfoladas
a mão estendida prolonga vontades subterrâneas
folhas soltas de jornal ventam sobre meu desfecho

8

todos os que sorriem comigo nestas gengivas se foram
prossigo meu despovoamento
tudo o que vi se enruga: noite que baila, calça de algodão, o
caminho lento dos ponteiros
a multidão me arqueia
minha voz, agora, carranca de assustar criança
no fim dos súbitos, esqueço-me de chamados, e de nomes a quem
chamar
espero a calma das misturas

9

nunca estive tão próximo de meu olho
nunca estive tão dentro de minha boca
nem tão perto das unhas
junto aos ossos
aos dentes
terminada a distância
findo o contorno
um pouco campo, um pouco tronco, um pouco muro: tornado
    lugar, deito-me chão
meu movimento, sem casa nem porta, ânimo fundo, dissolve-se
    sólido entre pedras e entulho, vizinhos em esquecimento
sem rua, sem verbo
indefinindo

NO OCO DA MÃO

(1993)

TEOLOGIA

Não vamos ao cume da montanha gelada
nem vimos o sol acima das nuvens
Aqui
não cantamos mantras indianos
Não falamos sobre a fome
nem lembramos dos animais
mortos ou vivos no passado
Não diremos metáforas
Celebramos o nascimento da palavra
justa no espaço
do oco da mão

POEMA PARA GULLAR

O poema está à vista
ao alcance da mão
transbordando no bueiro
andando pela sala
esparramado
na cozinha
tecido num canto de armário
debaixo da cama
ao lado dos chinelos
O poema embrulha o peixe
na barraca da feira
entre um atropelamento e o zodíaco
de Domingo
na barraca da feira
aprende a ser vermelho
no tomate
ao lado das cenouras
e do cheiro-verde
O poema está nos dentes
e no lixo
está no estômago
e no esôfago
atravessado na garganta
pulsa
jugular

MINÚSCULAS

bagos abertos de vagem
formam frases soltas
dentro do prato
tirar os fiapos
morder a carne tenra
com legumes
as mãos cheiram
tangerina
e tinta de caneta
descascá-las
e comer gomo
por gomo
as cascas se combinam
com a tinta exalada
do jornal de terça-feira
políticos
anúncios assassinatos
sem fim nem começo
ciranda econômica
carrossel sem fim
domingo segunda terça
uma ventania
sem bordas derrubou
um barraco no morro
e deu o campeonato
mundial de vela
a um sueco radicado no brasil

POEMA PARA OS DENTES

Um deles cairá um dia
irônico
dentro do prato de sobremesa
num jantar de cerimônia
Os que mordem o lobo da orelha
Os que rasgam o bife Os que impedem
que a língua
se torne uma gravata
Outro deles cairá teórico
sobre a mesa
durante uma defesa de tese
Os que partem
o lábio Os que enriquecem
os dentistas
Os que ainda assim
sorriem -
Todos eles se vão
um dia
a menos que a boca
se feche antes

TEORIA DOS CONJUNTOS

Este poema
pertence à rua
de calçada irregular
atravessada
na tarde
do tráfego
de um dia
de inverno
enquanto
folhas
rodopiam
no escapamento

MOTIVO NA AREIA

Não por sestro
ou sequestro
nem por gozo
ou espasmo
nem misterioso
acordo
O gosto do sol
na espuma
dragando a bruma
A Cor do sal
Adiante
na amplidão
um ponto

COZIMENTO

Ri o poeta
vindo da cozinha:
“adivinhe o que acaba
de sair do forno.”
“Pães de queijo?”
“Não.
Um poema.”

M.S., QUARENTA E TANTOS ANOS

Maria do Socorro
lavadeira
do morro do rato molhado
já não sabe quantos anos desceram
e subiram
essa ladeira
Maria do Socorro
encontrou uma felicidade
na página cinco da revista carinho
quando leu que a Maria da novela
terminaria
no capítulo trezentos e dezesseis
se casando com o Ricardo
filho do todo-poderoso-dono
de uma multinacional

INVERNOS

Às vezes cresce uma primavera
no meio da página
e do galho de um limoeiro
um pardal
ouve os esses assoviarem
a passagem da brisa
Desce uma chuvarada entre vírgulas
Às vezes a página é um horizonte
entre os cotovelos
e a vogal maiúscula do sol
doura
arrebentando a mesa
Mas quando a folha vira
e cai
já vem chegando o outono

PRIMAVERA

A primeira manhã do verão
que se aproxima
zumbe no ventilador
Às vezes pousa um avião
A geladeira espanta a mosca
da penca de bananas
e retorna ao sono
Esta manhã não ouve
sino pêndulo
ou grito
mas escuta a vizinhança
acertar o nó da gravata
e bater a porta
E a mulher que parece lúbrica
sobre a cama
apenas dorme

NOTURNO I

A cama
esparramada pelo branco
e um odor retinto
no travesseiro
A longa viagem
Ondas
estouram distâncias
na órbita dos olhos
e nos pés
resfriados

NOTURNO II

A velha cadeira
escorada no muro de cal
virgem
guarda uma revelação —
seu estropiado relevo
derrama a lua
na face assustada
do quarto

NOTURNO III

Cinco minutos
para onze horas
O bule na pia
migalhas de biscoito
trilhas de guardanapos
e a aparição
encruzilhada entre a cozinha
e a sala
fazem presságios
O caminho do quarto
rabisca compromissos
na devassidão
do papel

LIMBO I

O que orla em mim
nasce limbo no quintal
brota franja no jardim -
germinal
O sêmen original
seiva
em lacre translúcido
e forma semente -
verso em leito
seminal

LIMBO II

cada sílaba
cada pétala
molda o verso e a mácula
na folha que acumula
o murmúrio -
brota colorindo
palavra
em cada sopro
pálido
a voz do hálito
aquarela — acorde do verbo
que nasce
gota a gota
no poema

PEGADOR

Com os punhos cerrados
na arena
a guarda erguida para a onda
Arrebentação Rocha
Cada braçada vence uma tempestade
uma correnteza A palavra
mesmo surrada
suada
se precipita no corpo a corpo
das margens das curvas das rugas
sob o sol
dentro da gaveta

MOTO-CONTÍNUO PARA A CIDADE

A lâmpada de mercúrio adormece
A calçada varrida
A porta de aço
erguida Café com leite
leite
açúcar e café no copo
O sol move a coleção
de ângulos
e sombras
folhas cobrem vergonhas
na calçada
Guinchos
Freadas
Trinados
A cidade continua
na porta de aço
arriada

ENTROPIA

Um riso
derruba folhas ressecadas
na goiabeira
Nas mãos moças nos pés mouros
os dedos confusos
ventam
sobre a mesa
Faz frio do lado de dentro
O ritmo do marca-passo
decai O fim do dia
se aproxima
deus sabe quando
deus sabe onde
Um pardal come bichos na goiaba
e dorme seco
sob suas penas
Os cabelos pousam plumas
no travesseiro

PAISAGENS PARA UM ELETROCARDIOGRAMA

Entre as costelas e o pulmão, sob
influência da lua e da maré
sopra uma brisa

Dos picos, dos morros desenhados
no papel quadriculado, três suspiros
se precipitam na água quente do banho

Dentro do peito, um peregrino

Ele mal deixa o país natal, com
a flauta na mochila e pincéis na mão esquerda
para se esquecer, na curva
da encosta subindo a montanha,
do livro que explica detalhes
das anomalias na válvula mitral

ENTREVISTA A RODRIGO DE SOUZA LEÃO

Esta entrevista feita por e-mail em 2002 foi originalmente publicada num endereço eletrônico hoje, infelizmente, desativado. Rodrido de Souza Leão entrevistou, sob pseudônimo como "SeoMario" e outros, mais de uma centena de escritores brasileiros das mais diversas várias. A maior parte dessas entrevistas está dispersa pela rede. Rodrigo viveu a poesia e a literatura de forma intensa, publicando prosa e poesia em suas várias formas. Fica aqui minha homenagem.

RODRIGO DE SOUZA LEÃO "O poema está à vista / ao alcance da mão". Aonde mora a poesia? É possível existir poema sem poesia?

CAIO MEIRA Curioso você ter perguntado "aonde" mora a poesia e não "onde" mora a poesia, como seria de hábito. Penso que essa pequena licença gramatical é oportuna por indicar muito do que pode significar um lugar próprio para a poesia. "Aonde" aponta para um deslocamento, no sentido de "aonde se vai", para que lugar se direciona o movimento que visa alcançar algo, no caso da sua pergunta, uma morada. Normalmente, "aonde mora" seria a união de duas noções em aparência antagônicas, a da busca e do repouso. Mas na poesia há sobretudo um engajar-se por regiões paradoxais, fronteiriças: a eloquência do silêncio, voo e pouso conciliados num mesmo movimento, nascimento imbricado na morte, ou seja, através dessa fissura da linguagem, apresentar o que já está escapando. Um bom poema está sempre "à vista", diante dos olhos, ao alcance da mão. A simplicidade que os grandes poetas conseguem dar a seus poemas faz com que a poesia surja como o objeto que salta diante dos sentidos como se viesse do nada, como se nascesse ali, naquele instante que teima em perdurar. Mas quem conhece os avessos da poesia sabe que se trata principalmente de um investimento total, da vida inteira, com seus desejos e instantes, felicidades e tristezas, destinos e acasos. Fazer o simples gesto da mão para alcançar o objeto-poema que "está à vista" implica, na maioria das vezes, todos os outros movimentos e sentidos da vida do poeta. Há no poema, Há no poema, antes de tudo, uma concentração dos motivos da vida que o criou (vida que passa a ser criada por ele). Por isso o poema é esse ser complexo, ao mesmo tempo visível e invisível, próximo e distante, que está dito mas é indizível, que tem sua face clara, mas há sempre nele algo que escapa (o poema existe para ser relido, previne Bachelard), algo obscuro. Retomando a questão inicial, a casa da poesia situa-se na instabilidade de morar no próprio movimento de partir, nesse estar/não-estando que encontra "abrigo na hora instável da madrugada", isto é, morando "aonde" prevalece o movediço e o mutável. O lugar de repouso do poeta se dá justamente na instabilidade que ele consegue gerar em seus poemas, uma vez que viver a intensidade da poesia é deparar-se com a sentença rimbaudiana: "trata-se de chegar ao desconhecido através do desregramento de todos os sentidos". O que seria esse desconhecido senão o lugar próprio da poesia? Morar no desconhecido, estar continuamente avançando na direção do desconhecido, é "aonde" mora a poesia.

Quanto à relação entre poema e poesia, é fácil verificar num "sebo" do centro da cidade quantos poemas sem poesia, quanta palavra impressa em forma de verso e rima que não significa nem significará nada para ninguém. Para ir mais além, devemos abandonar a questão de haver ou não poesia num determinado poema — posto que não há juízos nem juízes para respondê-lo —, perguntando-nos se há uma poética intrínseca ao que está sendo feito ou lido. A força poética não está em um ou dois poemas bem feitos, ela depende muito mais da devoção à invenção, não de versos, nem mesmo de imagens, mas invenção de mundos, de todo um mundo ao qual só se tem acesso através de uma poética, de um pensamento que se dê na forma de um poema. O bom poema oferece uma passagem a um mundo poético; quando lemos um poema de um Ferreira Gullar, por exemplo, temos a nítida impressão de que entramos em seu mundo, onde o que vale é o que foi inventado por ele e por nenhum outro.

RODRIGO No poema "Pegador" (*No oco da mão*, UERJ, 1993), o sol está dentro da gaveta. Um sol enclausurado pode iluminar a palavra ou o tempo é quem mostra o poder e a qualidade de um texto?

CAIO Relendo o poema, não tive a sensação de que o sol estaria enclausurado dentro da gaveta; não acho que em "Pegador" trate-se de um sol claustrofóbico, aprisionado. Penso antes que "sob o sol / dentro da gaveta" aponta para o que está intrínseco a esse poema, a meu ver, o corpo-a-corpo. Aliás, acho que a questão de todo o livro "No oco da mão" é essa, a dos poemas obtidos no corpo-a-corpo com a cidade, com o mar, "com os punhos cerrados / na arena", onde "cada braçada vence uma tempestade". Estar "sob o sol / dentro da gaveta" não é em absoluto esconder-se desse sol, nem escondê-lo ali dentro; ao contrário, indica que nem mesmo dentro da gaveta, junto aos papéis e poemas que esperam para ser escritos, deixa-se de estar sob um sol cerrado, no corpo-a-corpo acalorado com as matérias da vida que se tornarão ou não poemas. É nesse sentido que o poema se torna um pegador, na acepção própria do boxe: na arena, vale o confronto de punhos erguidos, vale a esquiva para evitar o golpe, vale a dança em torno do adversário para conhecê-lo melhor, vale agarrá-lo para recuperar o fôlego e o equilíbrio, vale ir à lona e ter de lutar de novo, em outra oportunidade, vale até jogar a toalha quando se sabe que um adversário vai demoli-lo inexoravelmente, só não vale passar todos os "rounds" fugindo dele. Como diz a sua pergunta, o sol, mesmo dentro da gaveta, ilumina a palavra poética, mas também a aquece, a desidrata, a queima.

Quanto ao tempo, o sol é o tempo, em todos os seus sentidos, o meteorológico, o do transcorrer da vida, o do amadurecimento dos filhos e frutos. Graças ao sol, o tempo não se reduz a uma entidade totalmente abstrata. Todos os poemas transcorrem sob o sol, mesmo estando dentro de gavetas, de estantes ou de livros, ou ainda nascente na cabeça ou na ponta da língua. Poder lidar com esse sol inelutável e perseverar na existência dá qualidade e valor a um texto e a uma vida também.

RODRIGO A rua é uma constante na sua poesia e tudo que ela representa em oposição ao claustro. Como é falar da rua e de Emily Dickinson? O ser humano é um paradoxo ambulante?

CAIO A rua só se opõe ao claustro em aparência! Um sujeito pode ser prisioneiro de uma rua ou de uma cidade. Outro pode passar seus dias numa cela de prisão sem ser claustrofóbico. A claustrofobia, e creio que os psiquiatras corroborarão essa afirmação, está na cabeça e na alma de quem se sente aprisionado. A rua, em minha poética, não se opõe à casa, ao quarto. Ao andar pela cidade, ao buscar nas ruas os poemas e a vida, não estou fugindo de uma prisão qualquer, estou apenas dirigindo-me ao lugar em que a vida pulula em todas as suas formas e velocidades, na diversidade plena de movimentos sem antagonismos. Depois, ao voltar para casa, ao entrar em meu quarto, em meu escritório de 8m2, não me sinto apartado das ruas, que continuam a agir em mim, em minha fala e em minha escrita.

Veja o caso extremo da Emily Dickinson. Ela, que passou boa parte de sua vida "enclausurada", isto é, vivendo praticamente em seu quarto e só saindo para cuidar de seu jardim, escreveu cerca de 1770 poemas, entre os quais não se respira nenhum tipo de claustrofobia. Pelo contrário, a intensidade alcançada por sua escrita — em 1862, ela escreveu 366 poemas; em média, mais de um poema por dia! — a leva a regiões que poucos alcançaram. E mesmo assim não creio que sua existência tenha sido paradoxal, pelo menos, mais paradoxal do que a de qualquer outro. No caso do poeta, não há uma fórmula, um caminho demarcado para atingir o sublime. Seja no rebelde viajante Rimbaud, seja na aparente calma vida monástica de E. Dickinson, nos dois casos, alcançou-se um extremo, chegou-se a essa região fronteiriça com o desconhecido — lugar próprio da poesia. Dentro do quarto de uma cidadezinha da Nova Inglaterra ou perambulando pelas ruas sórdidas de Londres ou Paris, quem pode dizer quando vai se dar o encontro com o poema?

RODRIGO *Corpo solo* (Sette Letras, 1998) é uma radicalização de *No oco da mão*? é possível entender *Corpo solo* sem antes ler *No oco da mão*?

CAIO Em todos os sentidos, "Corpo solo" é uma radicalização de "No oco da mão". Em primeiro lugar, porque no livro de 1993 há uma reunião do que de melhor eu havia feito até então. Ainda que se possa discernir suas linhas poéticas principais, trata-se ali de uma coletânea de poemas. Já os poemas presentes em meu "Corpo solo" foram pensados em função do livro. Ao contrário de "No oco da mão", no qual os poemas antecederam o livro, em "Corpo solo" foi a presença do livro que antecedeu a existência dos poemas, ou pelo menos interferiu em sua criação. Pode-se dizer que os poemas de "Corpo solo" pertencem a um projeto poético que é de fato a própria existência do livro. Esse é um aspecto. Além disso, se em "No oco da mão" está em jogo a descoberta do corpo-a-corpo da palavra com a cidade e com a vida como principal veículo para a minha escrita, em "Corpo solo" esse corpo-a-corpo não é mais um ponto de partida, mas a sua realização, a sua efetivação. Os poemas do "Corpo solo" são frutos da experiência de um "solo de corpo", seja na rua, seja em casa, seja na praia, seja apenas na imaginação. Respondendo mais diretamente a sua pergunta, o que está em germe em "No oco da mão" realiza-se em "Corpo solo". Nesse sentido, ler o livro de 1993 antes do livro de 1998 ajuda a mostrar que caminho foi percorrido para se chegar ao que há de maduro em "Corpo solo", ao solo de corpo da minha escrita.

RODRIGO No poema "Velocidades para passeio público", do livro *Corpo solo*, quando o não dito é mais importante que o discurso aparente?

CAIO Não só para esse poema, mas para todo o livro, trata-se da experiência do corpo enquanto matéria e superfície em contato com outras matérias e superfícies, explorando as misturas decorrentes, os avizinhamentos, o embaralhamento de limites e fronteiras. Há sobretudo uma tentativa de equivocar o limite que separa o corpo da cidade, ampliar esse limite, recuá-lo, e principalmente estar em contato com essa região. Em vez de conhecer os meus limites, quero, ao contrário, desconhecê-los, provocá-los, instigá-los, fazer com que eles não se tornem uma casca ou carapaça entre mim e o mundo, mas ao contrário, que essa fronteira, que é um pórtico, permaneça permeável e móvel. Talvez "velocidades para o passeio público" seja um de meus poemas em que isso aparece mais radicalmente, pois não há ali nenhum discurso sobre esse limite, isto é, o poema não fala sobre isso, ele apenas se torna a mobilidade dessa fronteira sendo experimentada. Trata-se de um poema superficial, no sentido de não haver ali mais do que a experiência da superfície, do atrito entre as várias camadas de superfícies materiais — mas também imateriais —, umas em contato com as outras: "passo espremido entre paisagens, fibras de aço, dobra de carne, embalagens de plástico"; ou então: "um pico de morosidade assalta-me o torso, desoculta intervalos, espaço de praça e beco". Não há nesse poema nenhuma pretensão de ser mais do que uma experiência dos limites entre o corpo e a cidade, entre o homem e o mundo; de fato, o não-dito ali presente, o seu indizível, não é um discurso sobre o limite, mas o próprio limite em movimento.

RODRIGO "arrepios reverberam (...) / barulhos (...) atravessam o asfalto // transeuntes engolem breu na areia da praia, / um silêncio corta (...) / (...) súbitos ruminam (...)". A sua poesia é uma poesia móvel. O seu poema é uma avalanche? Como diria o Titãs, tudo acontece ao mesmo tempo agora?

CAIO Mas toda poesia é móvel! Faz-se poesia levando algo a seu extremo, ao ponto máximo do seu ser, mas também à região desconhecida, fronteiriça, onde se dá a separação com outros corpos, outra matéria, outro espírito. "Extremo", nesse caso, significa ao mesmo tempo o auge e o fim. O poeta se esforça, levando alguma coisa ao seu extremo. Nesse sentido, a poesia não pode deixar de ser móvel, pois na imobilidade não há surpresa, não há espanto, não há susto. Todo bom poema é imprevisível, pois não há como anteceder seus movimentos, prever o seu destino. Ao ler um bom poema, somos movidos por ele, somos arrastados para uma outra região, para um outro mundo. E é por essa via que o poema pode tornar-se uma avalanche, quando significar um movimento violento que arrasta consigo tudo o que encontra pela frente. Muitos poemas e poetas que li tiveram sobre mim esse efeito de avalanche: Ferreira Gullar, Emily Dickinson, Arthur Rimbaud, Edmond Jabès, Alberto Pucheu, Manoel de Barros e tantos outros. Com eles fui e permaneço sendo arrastado para o meu desconhecido, para o lugar em que me desconheço, para o portal do meu crescimento poético.

Seguindo a indicação bachelardiana, sabemos que o instante do poema está em descontinuidade permanente tanto com o instante precedente quanto em relação ao instante que se segue. Tudo o que acontece na poesia cria seu próprio tempo, e acontece de forma diversa da cotidiana, quando as coisas se ligam umas às outras previsivelmente, quando é possível antecipar os acontecimentos. Em poesia não há antecipação. Esse agora a que se refere a letra da música dos Titãs, é justamente o tempo que se diferencia, que se distingue e perdura imprevistamente em nosso espanto.

RODRIGO "e nunca mais houve o sétimo dia" está escrito num verso do livro *Corpo solo*. O que seria o sétimo dia? O tempo nasceu no sétimo dia?

CAIO O sétimo dia bíblico foi o dia do descanso, do repouso depois da criação. Mas creio tratar-se de um equívoco. Quem pode criar verdadeiramente alguma coisa e depois sossegar, isto é, sair do âmbito e das consequências do que foi criado, estar, mesmo que por um breve período, livre do açodamento próprio à criação? Contos e histórias fantásticas estão repletos de exemplos de quando a criatura se volta contra o seu criador, que pensava poder descansar depois de criar, estar impune ao ato de criar. Quem cria abole no mesmo ato o seu sétimo dia. É possível a um pai deixar de ser pai, mesmo que por um instante, mesmo que sua criatura pereça? Paternidade significa esse engajamento perene, eterno, que não se desfaz com o tempo. Como dizem, amor de mãe (e de pai) não tem limites, não se esgota. Para o poeta, não há sétimo dia. O poeta não tira férias, não se isenta. Alguns poetas acordam sobressaltados à noite com frases ou palavras marcando sua presença. Outros andam quilômetros em busca de soluções, ou mesmo sob a égide de um nascimento repentino. Mesmo Rilke, ao ficar mais de uma década sem escrever poesia, não repousava: algo de maior estava sendo produzido nele, sendo gestado silenciosamente sob a aparência de um descanso. As "Elegias duinenses", dez anos depois de iniciadas e logo interrompidas, foram concluídas em poucos dias. E em seguida vieram os "Sonetos a Orfeu". Durante todo esse período de aparente inatividade, não havia qualquer repouso. Dez anos foi o tempo necessário para gerá-los. Do ponto de vista poético, não há sétimo dia, não há como não ser instigado, aguilhoado, pelas tentações da criação e da criatura. Nesse sentido, o tempo não nasce do sétimo dia, mas do próprio ato criador, já que não há tempo possível antes da criação.

RODRIGO No poema "Gare du nord" estar sempre chutando o pau da barraca é uma forma de viver intensamente? As dificuldades forjam bons poemas?

CAIO Dois escritores inspiraram fundamentalmente esse poema: Arthur Rimbaud e Henry Miller. São dois exemplos supremos de levar uma existência poética a seu extremo máximo. Quem passou por suas obras não permaneceu ileso, foi arrastado por essa "avalanche", utilizando-me da imagem de sua pergunta anterior, que é por exemplo o "Trópico de Câncer" ou "Uma estação no inferno". Os dois estavam continuamente "chutando o pau da barraca", termo que no poema quer dizer bem mais do que a provocação ou a rebeldia juvenis, já que está ligado a um destino de "aridez, deserção e desperdício". "Estar sempre chutando o pau da barraca" aponta para o contínuo ultrapassar de suas próprias conquistas, o que só se pode conseguir não estando fixado em fórmulas ou estilos. Trata-se de uma convocação inapelável pelo desconhecido, pela experiência do desconhecido e sua transformação em escrita. Para os dois, ser escritor não era uma profissão, mas uma modalidade de ser, uma vibração que impele ao "ócio, à fuga, à fome", a uma forma de vida que tem de ser "marginal", no sentido de que está sempre à margem de si própria, vizinha dos seus limites. Importa frisar que em ambos os casos não se tratava de uma ligação imaginária ou imaginada com essa existência à margem, era algo vivido, experimentado. Para mim, na condição de escritor e de poeta, cabe-me também não estar apenas imaginariamente identificado com essa revolução, no sentido que não basta e nem mesmo tem valor repetir as experiências rimbaudiana e milleriana, mas sim procurar na vida e na escrita a minha própria margem, o meu próprio desconhecido, e transformá-los em poesia.

RODRIGO Em "Gare de l'est", mesmo afirmando que não volta atrás, não é o passado um material nobre para a construção de uma poética própria?

CAIO Do mesmo modo que não se está ileso à ausência do "sétimo dia", não se pode "voltar atrás nas cicatrizes, nas tatuagens e nos dentes que já se foram". Criar tem esse imperativo que obriga a caminhar pra frente, a chutar continuamente "o pau da barraca", a não se amarrar e nem se fixar em suas próprias conquistas. Criar implica transformar, deformar, alterar o real e a realidade. Nesse sentido, o passado, como qualquer outra coisa que se submeta à experiência poética, pode constituir-se, como você disse, num material para a construção de uma escrita própria, desde que surja como deformação ou transformação. Mas nunca como um material "nobre". A poesia — pelo menos a poesia que me interessa — por ter esse apelo pagão, essa convocação profana, lida com a nobreza apenas para mundanizá-la, dessacralizá-la.

Mas há, no que tange a memória, um outro aspecto ainda mais importante. Para quem percorre o caminho da poesia, existem inúmeras armadilhas a serem ultrapassadas. A primeira delas é o uso de trocadilhos e jogos de palavras. Muitos são os poetas e as poéticas que permanecem nesse que me parece ser um nível muito primário da escrita. A segunda armadilha é o apelo à memória, à infância, ao passado, como imagens que bastariam ser mencionadas para trazer à tona uma "aura" poética. Ora, a poesia, por ter uma ligação radical com o presente, não pode ser mais do que a exposição crua desse presente e de suas entranhas. O tempo da poesia não pode ser outro que o instante presente, esse instante que não passa, que desafia a continuidade e teima em permanecer. Referir-se ao passado por si só não leva à poesia, não traz poesia, apenas copia — e cópia não é poesia — ou evoca imagens e sensações que outrora tiveram valor pessoal mas que não apresentam nenhuma relevância poética propriamente dita.

RODRIGO Escrever na busca de uma linguagem, criar uma linguagem à medida que o poema está sendo escrito é um paradigma da poesia pós-moderna?

CAIO Obviamente, sua pergunta se refere ao fato de atualmente não haver modelos poéticos preestabelecidos, isto é, para a poesia contemporânea não prevalece um cânone poético a ser seguido. Cada poeta inventa suas próprias soluções para questões que não podem nem mesmo ser postas lado a lado.

Mas, para ir além, há algumas considerações de extrema importância a esse respeito. Não creio que se possa falar em paradigma poético. O primeiro sentido de paradigma é "modelo padrão". Em nenhuma medida pode-se assimilar a escrita a um modelo ou a um padrão, já que se trata em primeiro lugar de criar, isto é, fazer surgir o novo, o que não está previamente estabelecido. Mesmo quando paradigma quer dizer algo que se repete, modelos que permanecem orientando durante certo tempo a busca de uma geração, e isso efetivamente acontece quando se examina uma "geração poética" como a de 22 ou a de 45, importa muito mais considerar as soluções particulares de cada poética do que as que foram comuns a todos os membros do grupo. Pode-se, por exemplo, assimilar a poética de Drummond ao paradigma de 22 ou João Cabral ao de 45 sem empobrecer suas obras?

Quanto à busca particular de uma linguagem enquanto se escreve o poema, trata-se do imperativo poético propriamente dito, mas pelas razões opostas àquelas apontadas por sua pergunta. Pois se há de fato a criação de uma linguagem, ou melhor, se simplesmente há criação, não pode haver nenhum paradigma envolvido, já que criar é justamente afastar-se de modelos e padrões, e isso não somente no que diz respeito à poesia contemporânea, mas toda boa poesia de qualquer tempo.

RODRIGO O que faz alguém ser poeta?

CAIO Ao contrário do que possa parecer, não se trata de algo que o poeta tenha a mais. O poeta não é nem mais culto, nem mais inteligente, nem mais sábio do que os demais homens. Para mim, ao contrário, a poesia vem de uma fissura, uma rachadura, de algo que não ele não tem e que não terá jamais. Como epígrafe aos nove poemas de "prosa do chão", utilizo uma frase do conto-depoimento "The Crack-up" de F.S Fitzgerald: "há várias maneiras de um homem rachar". O poeta é um homem rachado, fissurado, e a poesia vaza por essa rachadura. Escolher a poesia, ou ser escolhido por ela, implica abraçar um funcionamento distinto, poder-se-ia dizer anormal, no sentido daquilo que foge à norma. O poeta é aquele que busca não funcionar de acordo com modelos preestabelecidos. Ele inventa um funcionamento próprio, que invariavelmente parece aos demais como bizarro, heterodoxo. Quem convive com a poesia, quem existe em função da poesia, percebe e cultiva essa rachadura, tirando dela as experiências que estão na base de sua escrita. Veja-se Artaud, por exemplo, que soube vasculhar como poucos essa fissura, tateando os limites entre sanidade e insanidade; ou o próprio Fitzgerald, que coloca a descoberta de sua condição de rachado, "prematuramente rachado", como o ponto nevrálgico de toda a sua vida. Depois de rachado, não só o homem não é mais o mesmo, mas todo o mundo e a própria vida não são mais os mesmos. Todas as coisas do mundo passam a ter funções e valores diferentes e se mostram de maneira distinta para quem rachou e conseguiu manter-se suficientemente inteiro para não soçobrar na loucura. Por isso, há várias maneiras de um homem rachar. A convivência com a própria fissura dá a medida e o valor de uma poética.

RODRIGO Qual uso faz da internet?

CAIO Relativamente à poesia, penso que a internet pode funcionar como uma ampliação dos campos de descoberta, de investigação, de rastreamento de diversas e diferentes abordagens da poesia. Mas, a meu ver, isso deve ocorrer de uma maneira quase que subversiva ao uso comum da rede. Normalmente, o ciberespaço é a forma mais radical da descartabilidade que assola a cultura de uma forma geral. Para ir de uma página a outra, basta um clique, e isso sem que haja qualquer tipo de comprometimento, de repercussão interna, íntima. Ora, a poesia não pode funcionar dessa maneira, pois a imagem poética é muito mais uma interrupção da continuidade do que um deslizamento tranquilo entre campos diversos. A poesia não faz "rede", não faz "teia", ela irrompe quebrando a previsibilidade dos encadeamentos contemporâneos. A "pedra" cabralina não pode ser um hiperlink ou hipertexto para a "pedra" drummondiana. Há um abismo, um universo entre essas duas pedras.

Tenho uma página na internet (www.caiomeira.com/) onde se pode ter acesso ao conteúdo dos meus dois livros. Meu objetivo é abrir e ampliar a possibilidade de uma descoberta, de que alguém que esteja navegando, deslizando, pela rede, interrompa ali o seu caminho, isto é, que possa acontecer uma interrupção — ou uma irrupção — nesse deslizar e que desta maneira a poesia cumpra com o seu destino de ruptura.

RODRIGO Tem alguma epígrafe que o acompanha?

CAIO Várias são as palavras e frases que nos acompanham e que nos guiam, de modo muitas vezes obsidiante. De fato, somos verdadeiramente assombrados por essas frases. A já citada "há várias maneiras de um homem rachar" esteve presente durante boa parte do processo de elaboração de "corpo solo". Há em especial uma frase que me persegue, e que eu persigo, encontrada numa introdução à obra de Emily Dickinson, na qual Robert N. Linscott comenta que ED escreveu como Thoreau quis viver: "close to the bone". Essa expressão, de difícil tradução, concentra minha principal preocupação: a de alcançar uma escrita que se faça não somente a partir do corpo, mas a partir do osso, do nervo, do tutano. O corpo, fendido, como na fratura exposta, expõe o nervo que sobe à flor da pele. Atingir essa escrita do nervo, escrever não mais com a ponta dos dedos ou com a mão, mas com o tutano dos meus ossos, viver e escrever "close to the bone", é sob a égide dessa epígrafe que me movimento agora.

RODRIGO Qual o papel do escritor na sociedade?

CAIO Nenhum. Por tudo o que disse nas respostas anteriores, depreende-se que não há papel possível para o escritor. Primeiro porque em todos os sentidos do verbo criar não cabe o de cumprir um papel, isto é, ter uma função preestabelecida (se não for preestabelecido não é função). Por exemplo, o ator representa um papel no teatro ou no cinema. Ele estuda suas falas e as repete. Se há criação no trabalho do ator, esta se dá justamente quando ele consegue escapar ao papel, dizendo o que não está dito através do que já foi dito, dando filigranas ao que está sendo repetido. Para o escritor, repetir, cumprir um papel, é ir em direção oposta a da criação, pois não há a presença da transformação, da deformação, da invenção. Dizendo de outra maneira, se o escritor cumprir um papel na sociedade ele imediatamente deixa de fazer o que há de mais primordial ao seu ofício, ou seja, dar vazão à invenção, deixando sempre a porta aberta para a entrada do desconhecido. Ora, se houvesse um papel para a poesia, seria o da convivência com o desconhecido, com aquele de quem não se pode dizer quem é nem o que é. O desconhecido, sabe-se da sua presença, ou melhor, pressentiu-se que ele esteve presente, mas ninguém pode dar-lhe um nome certo, dizer qual o seu endereço fixo ("aonde mora"), identificar sua profissão verdadeira. Aliás, assimilar a escrita ao contato com o desconhecido (com o estranho, na acepção que a palavra tem em francês — "étranger", aquilo que é ao mesmo tempo estranho e estrangeiro) indica o quão pouco ajuizado é trilhar esse caminho, no sentido apontado pela sabedoria popular: "é sempre perigoso convidar um completo desconhecido a entrar em sua casa".

CAIO MEIRA: O AVENTUREIRO DO OCO (OU A SOMATOPOESIA DE CAIO MEIRA)

Por Alberto Pucheu

Este ensaio se utiliza de passagens de "Uma poética da permeabilidade" ´[publicado em *Pelo colorido, para além do cinzento (a literatura e seus entornos interventivos)*, pela Editora Azougue, em 2007], retira dele o que hoje me parece um pouco excessivo e segue por caminhos mais amplos e inteiramente novos, instigado sobretudo por esta reunião de poemas com a qual o poeta agora nos presenteia. Não apenas pelo seu tamanho bem maior do que o anterior, mesmo com as apropriações diretas que aqui se repetem, é um texto completamente novo.

O gesto cabralino de começar sua poesia reunida pelo fim (pelo livro inédito) e terminá-la pelo início (ou seja, pelo primeiro livro), talvez indique, para além do desejo de visibilidade imediata do mais recente, que o começo da poesia é sempre agora e que, nesse agora, a borrar a possibilidade de uma leitura cronologicamente evolutiva dos livros, começo e fim se reúnem. No agora da leitura, começo e fim se reúnem tanto em *Romance* (o mais atual, de 2013) quanto em *No oco da mão* (o livro de estreia, de 1993), como também nos intermediários *Corpo solo* (de 1998) e *Coisas que o primeiro cachorro na rua pode dizer* (de 2003). Começo e fim se reúnem, portanto, a cada momento de *Romance (e poesia anterior: 1993-2013)*. Começo e fim se reúnem fazendo com que o primeiro livro seja o último e este, aquele. Começo e fim se reúnem do mesmo modo que se poderia dizer – como de fato é dito em *"um beijo"*, do livro inédito – que tal poesia é "sem fim nem começo", "desabriga[da], solidamente, de qualquer fim e qualquer começo". Isso não significa que não haja transformações significativas de um livro a outro – como elas poderiam não existir em uma poética do movimento, que ruma desde sempre em direção ao desconhecido, ao estranho, ao estrangeiro, buscando o extremo possível a que pode chegar? –, mas, muito pelo contrário, que o passado só aparece subposto ao presente (ou riscado por ele) e que o presente se mostra apenas sustentado pela espessura de um passado cuja presença se faz pela força do encobrimento ou do adiamento. Para Caio Meira, o presente enquanto o instante é o tempo da poesia, o tempo do qual nunca se sai, o tempo que insiste em permanecer, o tempo que persiste em sua resistência, o tempo que persevera em retornar (no primeiro poema da poesia reunida, *"um abraço"*, podemos ler: "por poucos instantes", "parcos segundos", "por míseros instantes", "um pequeno lapso de tempo, dois ou três segundos"); apesar disso, o instante, nunca coincide com o tempo cronológico nem consigo mesmo (o mesmo poema citado anteriormente entre parênteses fala em "um espaço de tempo incomensurável", "nada durou em matéria de tempo cronológico", acrescentando ainda que é essa nada duração do tempo cronológico que "insiste ainda agora, aqui", no poema). Abrupto, o instante é, simultaneamente, a interrupção com o passado, com o futuro e consigo, a interrupção de toda e qualquer continuidade possível, o rasgo do e no que diferencialmente se precipita para que ecloda, no poema, o incomensurável não cronológico do tempo.

Se a poesia reunida, alternando-os, interrompe o começo com o fim e o fim com o começo, se a poesia reunida interrompe igualmente o que vai de um livro a outro e pelo meio de um mesmo livro e de um mesmo poema, e se a interrupção, ao contrário de imobilidade, é dinamismo, é para Caio Meira assumir a interrupção como o efeito da falta na qual o poeta se coloca e o motor do poético. Tal gesto interruptivo da poética em questão tensionar-se-ia com uma conquista gradual e cada vez maior de uma escrita do fluxo e de fôlego largo, não existisse, mesmo aí, o privilégio de um "entrefôlego" a recobrar intervalos no fluxo e no fôlego pleiteados. Nesse ritmo de "entrefôlegos", a perplexidade vem do entre: "acordo e durmo entre membranas impalpáveis", "entre uma linha e outra", "entre o chão e o aro", "entre o olhar e o aceno", "entre a noite e a manhã"... O "entre" se espalha por inúmeros poemas, gerando uma verdadeira poética do "entre": entre um sentido e outro, "coisas sem sentido que me compõem". O "sem sentido" dessa poesia, oposto ao do tédio ou do desespero, é exatamente aquele que, pela disponibilidade inclassificável da inconsistência da falta, nos mostra que, com o interruptivo a nos fazer permanecer no entre, tudo está em suspensão, sempre por se fazer, que todo sentido é uma ficcionalização ("romance") ou uma poetização, necessariamente provisória, a ser interrompida, cabendo ao poeta (e ao leitor), nesse entre, deslocalizar o localizado, desidentificar o identitário, desobjetificar o que há de objeto, recobrar o não sentido onde os sentidos são predominantes. Nesse entre, nada está dado como solidificado, constituído, apropriável; nele, lugar dos ornitorrincos selvagens da linguagem, ocorre justamente toda e qualquer possibilidade indomesticável de produção, uma espécie de ponto zero ativo da criação, cuja obra, cuja individuação, seria, doravante, sempre reconhecida como interina, contingente, móvel, como algo que, sujeitando-se à ação do entre, pode até dar – a um ou outro leitor desacostumado com a poesia – a ilusão de se superpor ao espaço aberto pelo entre, de encobrir a falta. A poesia seria, então, exatamente o retorno desse suposto encobrimento à ação interruptora do entre, a possibilidade de descobrimento para que, na obra, a falta possa, por fim, comparecer.

Nem seria preciso dizer que a falta não é exclusividade de poetas, mas é por ela que a poesia "vaza", já que o poeta "percebe e cultiva" tal falta tirando dela suas experiências, na justa medida em que ela é a paragem necessária à linguagem, ao pensamento e ao corpo com seus afetos poéticos, que faz nascer o que se distingue. Estar próximo da falta por onde a poesia vaza desde o vazio daquele que lida radicalmente com ela, empenhando-se nela e causando uma inopinada frenagem em tudo o que nos quer fixar no já conhecido e experimentado (inclusive nos poemas já feitos e em suas leituras estabelecidas), é a estranha ética do poeta, a torná-lo estrangeiro, insólito, ainda que em sua própria cidade. Em entrevista concedida em 2002 ao saudoso Rodrigo de Souza Leão, o poeta afirma: "Para mim, ao contrário, a poesia vem de uma fissura, uma rachadura, de algo que ele [o poeta] não tem e que não terá jamais. Como epígrafe aos nove poemas de 'prosa do chão', utilizo uma frase do conto-depoimento 'The Crack-up' de F.S Fitzgerald: 'há várias maneiras de um homem rachar'. O poeta é um homem rachado, fissurado, e a poesia vaza por essa rachadura. Escolher a poesia, ou ser escolhido por ela, implica abraçar um funcionamento distinto, poder-se-ia dizer anormal, no sentido daquilo que foge à norma. O poeta é aquele que busca não funcionar de acordo com modelos preestabelecidos. Ele inventa um funcionamento próprio, que invariavelmente parece aos demais como bizarro, heterodoxo. Quem convive com a poesia, quem existe em função da poesia, percebe e cultiva essa rachadura, tirando dela as experiências que estão na base de sua escrita. Veja-se Artaud, por exemplo, que soube vasculhar como poucos essa fissura, tateando os limites entre sanidade e insanidade; ou o próprio Fitzgerald, que coloca a descoberta de sua condição de rachado, 'prematuramente rachado', como o ponto nevrálgico de toda a sua vida. Depois de rachado, não só o homem não é mais o mesmo, mas todo o mundo e a própria vida não são mais os mesmos. Todas as coisas do mundo passam a ter funções e valores diferentes e se mostram de maneira distinta para quem rachou e conseguiu manter-se suficientemente inteiro para não soçobrar na loucura. Por isso, há várias maneiras de um homem rachar. A convivência com a própria fissura dá a medida e o valor de uma poética".

Antes de tal entrevista, como uma anunciação de tudo o que virá pela frente ou, na ambiguidade anticronológica da organização, como uma participação de tudo o que virá no futuro que, então percorrido, está atrás de nós, ou de um passado a que, caminhando para frente, gradativamente chegamos, de acordo com o poema de abertura do primeiro livro escrito, essa poética da interrupção a partir do rasgo ou da falta por onde a poesia vaza pode ser lida como uma poética do "nascimento da palavra/ justa no espaço/ do oco da mão". Uma definição então emerge: poeta é aquele que, percebendo e cultivando a falta, deixa nascer "a palavra/ justa no espaço/ do oco da mão". Corroborando a entrevista, na medida em que é da mão, o espaço oco é do ser humano, ou, no caso, mais precisamente, do poeta; a surpresa é que, com a força do *enjambement* do segundo para o terceiro verso da passagem citada, se lido em prosa o espaço oco se refere, como dito, à mão ou ao ser humano ou ao poeta, mas, se lido em verso, ou seja, se lida a interrupção, obrigatória por ter sido criada, do segundo verso para o terceiro, o nascimento da palavra justa se dá no espaço aberto enquanto o oco que existe no mundo. A palavra justa eclode do oco que acolhe a linguagem em seu constante nascimento e, consequentemente, o poeta em sua relação consigo e com o espaço em que ele e tudo que o circunda está, unificando, em algum grau, mundo e homem. É bem verdade que tal unificação se dá exatamente pela fratura. O poeta pode fazer as palavras justas nascerem porque experimenta e promove na linguagem o oco que, constituindo-o e o mundo, também constitui todos nós. E o poeta é o aventureiro do oco; o poeta é aquele que nos mostra haver um princípio de cavidade em cada um de nós. Nos versos iniciais do poema "*velocidades para o passeio público*", de *Corpo solo*, não restam dúvidas de que, ainda que com dificuldades, o poeta se coloca nas brechas do mundo: "passo espremido entre paisagens, fibras de aço, dobra de carne,/ embalagens de plástico,/ entre rostos, jeitos, por bibliotecas de olhos, dentes e dedos [...]". Na última estrofe do poema, entretanto, a ambiguidade sintática nos obriga a ler as "rachaduras" como compositoras, indistintamente, sem que se possa decidir, tanto do poeta quanto do cimento: "[...] deito-me panorama sobre o cimento, com rachaduras, com as/ fintas, traçado de relentos [...]".Certamente, o poeta "desoculta intervalos", possui um conhecimento – de poeta – que sabe que "uma fratura revela o raro, a centelha".

A importância da poesia vem exatamente do fato de a rachadura, de a abertura para as transformações que mostram a precariedade de toda e qualquer existência, de toda e qualquer positividade, ser na maior parte das vezes percebida como pequena, quase imperceptível, de termos de passar por ela espremidos, apalpando-a, cultivando-a, alargando-a minimamente na proporção, nunca conhecida *a priori*, de nossas capacidades. Isso, se quisermos confirmar uma maleabilidade maior da(s) (nossas) vida(s), provinda diretamente de sua folga, a minar a crença geral nos sentidos definidos, definitivos e estáveis, quaisquer que sejam. Garantindo a falta, a poesia realiza um arrastão nos sentidos estabelecidos pelas leis do mundo, interrompendo-os.

Tal gesto interruptivo pode ser flagrado por toda a obra, como, por exemplo, a partir do título de um de seus livros, *Coisas que o primeiro cachorro na rua pode dizer*, uma deformação de uma frase de Rimbaud. Em 9 de novembro de 1891, dois dias antes de sua morte, delirando, ele dita uma mensagem para sua irmã endereçá-la ao diretor dos transportes marítimos, pedindo-lhe trabalho. Dizendo-o impotente e infeliz, a carta comunica que ele já não pode encontrar absolutamente nenhum tipo de serviço, fato que "o primeiro cão na rua confirmará". Em Rimbaud, Caio Meira encontra o cão que poderia confirmar o estado moribundo do poeta. O que diz, entretanto, o cachorro de Caio Meira? No poema "*entrefôlegos de um basqueteiro solitário*", que termina com a frase que, na confluência com Rimbaud, intitula o livro, com poucos latidos, o cachorro, na tradução do poeta, poderia responder a pergunta que interessaria ao "tabloide inglês": "qual o sentido da vida?" Para quem é composto por coisas sem sentido, não é, evidentemente, isso o que importa. No poema seguinte, "*...mas prefiro ficar calado*", dialogando direta e firmemente com o título do livro trazido à tona no escrito anterior, o enunciador do poema, ao invés de assegurar o sentido da vida, que o primeiro cachorro na rua poderia dizer, afirma preferir ficar calado. Dito de outra maneira: o título se refere a coisas que o primeiro cachorro na rua pode dizer a respeito do sentido da vida, mas prefere ficar calado. A todo e qualquer custo, é preciso calar o sentido dos tabloides, ingleses, brasileiros ou outros. Em um dos poemas de *Romance*, o livro novo, a passagem é retomada, de modo a dar um desdobramento explicativo a não deixar hesitações e a extinguir metáforas. Nesse livro, nem mais o cachorro pode indicar qualquer caminho ou o sentido da vida: "[...] Como não pude identificar,/ na palma da mão, nenhuma configuração/ prévia, nenhum mapa, sei que nem mesmo/ um cachorro poderá indicar o caminho". Nenhuma configuração prévia, nenhum mapa e nenhum caminho de antemão percorrido cabem na palma da mão; nela, apenas o espaço oco em que nasce a palavra justa do poeta, ou o latido intraduzível e sem sentido (ao menos humano) do cachorro. Solidificadas, as coisas pesam demais; com sentidos assegurados, a suposta clareza é completo embaçamento – vida já não se revela, antes, se apaga. Precisa-se, então, escutar uma "acústica de silêncios", que levará as coisas e as pessoas com os sentidos estanques de suas individuações aos "vetores de força" que se esparramam por uma dinâmica de vazio. Em sua coluna vertebral, em seus supostos eixos, o sujeito e as coisas são constantemente deslocados até se perderem, e, na perdição, experimenta-se a exclamação, a perplexidade anterior ao sentido, às determinações das coisas e aos indivíduos – vida. Nela, o poeta se encontra "inapelavelmente nu".

Assim como o desse novo cão, o trabalho do poeta não é dizer o sentido da vida, mas flagrar o não-lugar de eclosão ou a passagem ou a interrupção de todo e qualquer sentido, a deixar o sem sentido da vida aparecer, a encruzilhada de um sentido com o não-sentido, de uma individuação com o ponto de indiferença ou de inindividuação. Devorando o cão de Rimbaud, o cachorro de Caio Meira se transforma no perro poético por excelência, aquele que, ao invés de dizer o sentido da vida, consegue uma imediação com vida na imediaticidade da encruzilhada de seu não-sentido com todo e qualquer sentido possível de a ela ser outorgado, na imediaticidade da encruzilhada da não-individuação com toda e qualquer individuação passível de vir a existir, levando um Rimbaud agonizante a um outro e outros em constantes nascimentos. Pela "sintaxe do motim" e por "tudo o que viola a trava dos sentidos", os poemas de Caio Meira nos obrigam a movimentos de indiscernibilidade entre nós mesmos, a linguagem, o vazio e o mundo. Com a poesia transfiguradora e nevrálgica de Caio Meira, a partir da qual os sentidos estão sempre abertos, escutamos nossa voz de maior perigo – de maior coragem: “não me contagio onde não cabe o volume do meu risco”.

Cada livro, cada poema, cada estrofe, cada bloco, cada frase, cada verso, cada linha de Caio Meira amplia o homem, o mundo e a vida em medidas incalculáveis, fazendo-nos respirar com menos sofreguidão ao dilatar decisivamente os espaços, as aberturas, que nos são inerentes. Transformar os indivíduos em cidades, ventanias, tormentas, maremotos, primaveras ou outonos, eis a experimentação desse poeta que cospe “o pigarro sedentário”. Com extrema fidelidade às rachaduras, “*tarde esculpida no rosto*”, o poema seguinte a “*velocidade para o passeio público*”, de *Corpo solo*, afirma, para nosso pasmo, que o poeta, no pacto a que é obrigado – e a que, ratificando-o, deseja ser obrigado –, “assin[a] contrato com o vão”. E, assim, repetidamente: se há “nos alicerces do corpo, o sismo interior”, se o poeta está a “percorrer o limite da implosão”, ele também está “à proa do vácuo absoluto”. Estar simultaneamente na linguagem e na materialidade do mundo dando-se conta, a partir delas, nelas mesmas, do vácuo, explorando-o, assumindo plenamente a responsabilidade de frequentar tal encruzilhada. Causando espantos, o vácuo é o absoluto diante do qual, dentro do qual, na linguagem e na concretude da existência, essa poética quer estar na proa, para olhá-lo de perto em sua grandeza, para experimentá-lo em sua imensidão, para receber no corpo seu impacto, para estar imerso nele, para dar notícias dele, para lhe dar contornos minimamente consistentes e movediços, para lhe dar algumas arestas, para mostrar uma ou outra de suas rugosidades, de modo a não perdermos a exclamação que, por ele, vestimos.

Tal ponto de partida salientado se faz presente por todos os lugares da respectiva obra, tendo consequências admiráveis.

De "*velocidades para o passeio público*", na mesma entrevista a Rodrigo de Souza Leão, Caio afirma: "Não só para esse poema, mas para todo o livro, trata-se da experiência do corpo enquanto matéria e superfície em contato com outras matérias e superfícies, explorando as misturas decorrentes, os avizinhamentos, o embaralhamento de limites e fronteiras. Há sobretudo uma tentativa de equivocar o limite que separa o corpo da cidade, ampliar esse limite, recuá-lo, e principalmente estar em contato com essa região. Em vez de conhecer os meus limites, quero, ao contrário, desconhecê-los, provocá-los, instigá-los, fazer com que eles não se tornem uma casca ou carapaça entre mim e o mundo, mas, ao contrário, que essa fronteira, que é um pórtico, permaneça permeável e móvel. Talvez '*velocidades para o passeio público*' seja um de meus poemas em que isso aparece mais radicalmente, pois não há ali nenhum discurso sobre esse limite, isto é, o poema não fala sobre isso, ele apenas se torna a mobilidade dessa fronteira experimentada". A presença do corpo não pode ser, de fato, nem de longe, subestimada nessa poesia: *No oco da mão* e *Corpo solo* são títulos de dois de seus livros; *Fenomenologia para ereção, Epidermática, Venéreas, solo para o corpo e o mar* e *dois movimentos para um arrepio* são títulos de partes de seus livros; "um abraço", "um sorriso", "um beijo", "close to the bone", "entrefôlegos de um basqueteiro solitário", "ângulos da mão para abrir a onda", "geografia de um corpo na extensão da areia", "tarde esculpida no rosto", "introdução à ciência do afago", "Poema para os dentes" e "Paisagens para um eletrocardiograma" são títulos de seus poemas; dos dois únicos livros que possuem epígrafes, a de *Corpo solo*, retirada de Edmond Jabès, é "Nous sommes dans nos mains ou em plein océan", e na de *Coisas que o primeiro cachorro na rua pode dizer*, Thoreau afirma: "We are all sculptors and painters, and our material is our flesh and blood and bones"; a epígrafe da parte

Venéreas, "Non vi si pensa quanto sangue costa", vem de Dante. A tais menções, deve ser acrescentado que o substantivo mais usado em *Romance (e poesia anterior: 1993-2013)* é exatamente "corpo", seguido imediatamente de "vida", indicando o fato de haver uma relação estreita entre ambos os termos.

É fundamental destacar ainda a existência de uma verdadeira somatopoesia na escrita de Caio Meira, que dá a ver, como nenhuma outra existente entre nós, um vocabulário exaustiva e obsessivamente minucioso referente ao corpo: cabelos, dedos, mãos, orelhas, lábios, bocas, cotovelos, pés, punhos, dentes, ombros, bundas, colos, peitos, retinas, pernas, braços, torsos, epidermes, rostos, pescoços, cenhos, tórax, coxas, regos, quadris, peles, narinas, retinas, mamilos, faces, narizes, genitais, ancas, sexos, costas, seios, troncos, membros, cus, pálpebras, paus, pélvis, carnaduras, ombros, axilas, olhos, bocetas, costas, genitais, rugas, quadris, frontes, lábios, bigodes, palmas da mão, pelos, pregas, pentelhos, pulsos, unhas, joelhos, virilhas, umbigos, batatas da perna, solas dos pés, tornozelos, rabos, barbas, barrigas e nádegas são algumas das palavras que, no singular ou no plural, compõem os poemas de Caio Meira. Isso ainda não é tudo; é preciso atravessar a camada externa do corpo, invadir sua pele, atravessar seus poros, passar por entre os orifícios existentes, penetrar o corpo, perscrutando-o, até chegar aos termos que designam suas partes internas, subcutâneas (que, aliás, é mais um termo usado pelo poeta): estômagos, esôfagos, gargantas, jugulares, línguas, carnes, músculos, ossos, articulações, fibras, íleos, sangues, costelas, gengivas, fluidos, tônus, miolos, matérias cavernosas, alvéolos, bofes, secreções sebáceas, condutos, tímpanos, entranhas, vísceras, fígados, biles, corações, válvulas mitrais, cordas vocais, fibras do pescoço, plexos solares, cérebros, tripas, diafragmas, membranas, ouvidos, enzimas, tubos, colos dos fêmures, pâncreas, hérnias de disco, intestinos, salivas, fibrocartilagens, musculaturas, glotes, bolos alimentares, movimentos peristálticos, laringes, colunas vertebrais, apêndices, cervicais, mandíbulas, esporões, pavilhões auriculares, molares, fluxos sanguíneos etc. etc. etc. Muitos outros termos se relacionam diretamente a corpo, como, só para citar alguns, hálitos, gritos, risos, sopros, golfada, descalço etc. etc. etc. Exatamente por lidar com um corpo que é matéria e superfície em esbarro com outras matérias e superfícies que a ele se mesclam, compondo-o e decompondo-o, do corpo, Caio Meira nos oferece, na maior parte das vezes, fragmentos (há exceções, como os poemas em que, sobretudo, os corpos femininos se mostram). Ativos por eles mesmos, fragmentados, solitários, esburacados por todos os lados, envoltos de vazios, os órgãos aqui não se fazem de modo algum organismos, não se unem em um corpo funcional totalizante.

Em *Coisas que o primeiro cachorro na rua pode dizer*, exatamente na primeira parte, intitulada significativamente "*Epidermática*", o poema "coisas demais", declarando que o poeta se coloca no "[...] cuidar/ do corpo e do mundo [...]", tratando-se, então, de fabricar um remédio resultante do interesse para trazer a saúde à tona, continua: "[...] seja em qualquer/ dos lados da epiderme, seja convertido em fluxo sanguíneo e/ contração muscular, seja uma suspeita, um sussurro entreouvido ou/ pressentido, vindo, em aparente paradoxo, de parte alguma, de um/ ponto vazio, onde não se pode sentar-se, nem mesmo calar [...]". Em Caio Meira, superfície porosa, a epiderme é a prótese poética por excelência – o poeta dirá "o apêndice" – da permeabilidade e do entrelaçamento imprevisível entre o corpo em disjunção, o poema, a materialidade do mundo e o vazio que lhes é constitutivo ("[...] marcando a passagem do corpo pelo mundo, marcas anotadas/ lembradas, revistadas, e que por serem assim tão preservadas se/ tornam partes efetivas do corpo, apêndices entre o corpo e o/ mundo, órgãos oficiais dos movimentos de felicidade [...]"). Para mostrar o pensamento paradoxal de tal poesia da pele enquanto superfície porosa, em que o poema – vazado – é coisa entre coisas, vale escutar suas palavras na entrevista constantemente retomada: "Trata-se de um poema ["*velocidades para o passeio público*"] superficial, no sentido de não haver ali mais do que a experiência da superfície, do atrito entre as várias camadas de superfícies materiais – mas também imateriais –, umas em contato com as outras [...]. Não há nesse poema nenhuma pretensão de ser mais do que uma experiência dos limites entre o corpo e a cidade, entre o homem e o mundo; de fato, o não-dito ali presente, o seu indizível, não é um discurso sobre o limite, mas o próprio limite em movimento".

Se Caio Meira aplica na página a explosão material de seu vocabulário afetivo transbordante, é justamente para dissolver, em jorro, as coisas palpáveis, os corpos. Transformando tudo o que é sólido, ou, dito de outra maneira, levando-nos da primeira intimidade conquistada através das palavras ordinárias que mediatizam o que parece inabalável de nosso tempo a uma segunda intimidade, maior e muito mais importante, da imediação com os "vetores de força" da vida, o poeta habita e nos faz habitar a mobilidade em que nasce qualquer possibilidade de sentido e individuação, dissolvendo-a sempre na potência dos devires. Nesse constante entre, irredutível a cada um dos lados, em que o estado das coisas, rarefazendo-se, se desarticula para, por sua vez, rearticular-se em novas possibilidades corporais mais flexíveis e, simultaneamente, se desarticular cada vez mais facilmente, expondo, no mínimo de consistência, uma zona de inconsistência e uma zona de rarefação cada vez mais perceptíveis... Nesse entre constante e irredutível, em que os rostos se tornam remotos e a anonimia eclode à superfície, lançando-a em plena transmutação, dá-se uma poética da permeabilidade, tornando cada coisa permeável a outras, tornando tudo permeável a tudo, experimentando, com o corpo, com as próteses, com os apêndices, tal permeabilidade.

Como líquido ou fumaça, diluindo-se, os contornos se desfazem, enquanto que as antigas individualidades, esvaecendo-se, se transformam em novos arranjos, móveis, a acatarem multiplicidades que, pelos esbarros, diluições e metamorfoses, formam blocos de fusões. Aqui, não se sabe dos limites, ou, então, quando – pele – eles existem, são apenas por não se saber "que tipo de limite representa a pele, se me separa da madrugada ou se me une a ela". Esse deslimite da pele, permeável à madrugada e ao interior do corpo, impossibilitando uma distinção entre o dentro e o fora, entre a altura e a profundidade, entre a "crosta da terra e as enzimas", entre as "secreções sebáceas e o parapeito da janela", não deixando saber "se o frio que sinto nesse vidro me pertence ou sou eu que pertenço ao frio ou ao vidro", compactua com o que também poderia chamar de uma poética do entrelaçamento: "[não sei] se o ponto em que tudo se entrelaça surge apenas para desaparecer". Entrelaçar para fazer desaparecer os limites individuais. Descobrir rupturas, fraturas, intervalos e rachaduras nas individuações por onde os "vetores de força" possam imediatamente irromper. O poema é um meio para uma experiência que, vital, também o ultrapassa, ou seja, o que interessa é experimentar, no poema, uma das maneiras de construção de um corpo boxeador, de um corpo "pegador" que, como dito na entrevista, através de "um corpo-a-corpo acalorado com as matérias da vida que se tornarão ou não poemas", faça a experiência do entrelaçamento, na qual as individualidades desaparecem através do "vão". Experimentar os corpos, humanos ou não, pouco importa, se desfazendo em permeabilidades, eis a tarefa em questão. Em Caio Meira, a poesia serve à alavancagem de tal experiência que não se reduz ao poema, que, heteronomicamente, quer fazer do poema um meio de uma experimentação vital.

Um dos poemas exemplares em sua realização enquanto prótese ou apêndice a mostrar em sua superfície "o atrito entre as várias camadas de superfícies materiais [e] também imateriais" é, seguindo a belíssima expressão derivada de Henry David Thoreau, "*close to the bone*", que poderia ser traduzida por algo como "à beira dos ossos" ou "colado ao tutano". Vale lembrar que a epígrafe do livro no qual tal poema se insere também provém do escritor americano, que, em *Walden*, afirma: "*We are all sculptors and painters, and our material is our own flesh and blood and bones*" ["Somos todos escultores e pintores, e nossa matéria é nossa própria carne e sangue e ossos"]:

CLOSE TO THE BONE

acordo e durmo debaixo da pele, sobre a crosta da terra, com
camadas de cidade enterradas

movimento películas e superfícies entre outras películas
e superfícies quando saio à rua, ou quando me encosto no
parapeito desta janela que se despede da noite

acordo e durmo entre membranas impalpáveis, com enzimas,
autorregulações e imponderáveis combustões

metabolizo rostos e teorias em meio à confusão de lembranças
despropositadas, entre secreções sebáceas, tubos, alvéolos e
histórias acumuladas

> por vezes sinto esse torvelinho dentro da barriga, e não sei se é fome ou lembrança de fome, ou se são movimentos espontâneos da voracidade do vazio
>
> nem sei que tipo de limite representa a pele, se me separa da madrugada ou me une a ela
>
> se o frio que sinto nesse vidro me pertence ou sou eu que pertenço ao frio ou ao vidro, ou se esse ponto que tudo se entrelaça surge apenas para desaparecer
>
> sei apenas que sou permeável a esta manhã que desaba seus vermelhos por prédios e morros, por muros e árvores.

A poética do entre é uma das misturas, da permeabilidade, do entrelaçamento, que nos abre uma potência de indiscernibilidade com tudo o que há. Misturas e permeabilidades que, através de seus segredos, nos entrelaçam à multiplicidade do que existe criando um acontecimento unívoco na imanência poética de vida. Se tudo o que faz mal à vida cabe na poesia, é para que, digerido, fortifique-se em uma nova saúde. Na respectiva poesia, essa nova saúde, ainda que frágil por conta de seu tempo é conquistada por uma poética da mistura: "se decidirem que a vida faz mal à vida e o mundo estiver por um fio, pelo menos deixem-me perpetuar o segredo de algumas misturas".

Nessa poética de "entrefôlegos", da indiscernibilidade, das permeabilidades, do entrelaçamento, há de se falar da transmutação das palavras, das coisas, das pessoas, em que se manifesta a transformação do corpo em instabilidades sísmicas que, implodindo-o, agindo por conta própria, apagando separações nas próteses ou apêndices criados, tudo recriam, misturadamente. A cada instante, realizando a experiência dos limites em movimento, ou dos deslimites, dos embaralhamentos, na qual a superfície material descobre suas intensidades imateriais, o poeta, não sendo mais uma individualidade, não para de nascer: ora ele entra num devir Marilyn Monroe ("*a terceira morte de m.m.*"), ora num devir Billie Holliday ("*gardênias para Eleanora*"), ora num devir Emily Dickinson ("*the odd lady*") ou em qualquer outro, transformando todo nome próprio em apelido, pelo qual parcial e provisoriamente pode ser chamado. Um dos mais fascinantes devires-femininos que conheço na história da poesia brasileira, um daqueles que revelam porque a poética em questão conhece as mulheres como poucas, "*a terceira morte de m.m.*" (bem como os outros dois), me faz duvidar de que o poema tenha sido escrito tanto por Caio Meira quanto por Marilyn Monroe – mais uma vez, é no entre Caio Meira e Marilyn Monroe, no entrelaçamento que lhes é permeável, no duplo movimento de negação em que Caio Meira é negado por Marilyn Monroe e esta por aquele, fabricador de um artista imperceptível que insiste em comparecer no movimento de criação poética, requerendo, a cada momento, um novo apelido, uma nova personagem, uma nova máscara, que o poema e o poeta podem nascer:

I.

sempre disse, este é um lugar onde me dão tanta grana por um beijo e uma moeda pela alma

e tudo bem, podem me esbofetear, não será a primeira ou a última vez

recusei mais de um casamento por dinheiro

mas venho vendendo todos os meus sorrisos, mesmo os que ainda não tive, ondulações de carne, apertos de músculos e deixo me enfiarem a mão sob a saia sem nenhum sobressalto de voz

olha, eu dou para qualquer um que queira me pagar uma semana de aluguel ou acene com letreiros luminosos

ainda que levantem dúvidas sobre meu talento

se não passo de uma criança estúpida, manipulada por todo tipo sem escrúpulos

ou se de fato há algo de inigualável em minha presença, além é claro do volume da bunda e da angulação dos meus peitos

mas sobre isso, carrego o argumento imbatível: para mim, tudo é possível

II.

somente a luz se fixa nas curvas do meu rosto

o amarelo sobreposto à raiz escura dos cabelos e uma calma recém disposta entre o olhar e o aceno

nenhuma sombra de vômitos, barbitúricos, estimulantes, tranquilizantes, moderadores de apetite, de manchas nos dedos e nos dentes

nenhum resíduo de insônia, roer de unhas, incontinência urinária, de marcas deixadas pelo peso anônimo dos tantos corpos sobre o meu

nem lembrança de nomes, pessoas, clínicas, becos e bancos traseiros de automóveis

ou de quando acordei assustada em cama desconhecida

agora em meu corpo não cabe mais nada

a não ser a pele clara, um arrepio de vento, o discreto e
propositai franzir de cenho

e o toque final, incessante indagação

até quando

III.

reconheço a crueza no meu corpo desbotado

agora que a vida me abandona sem barulho

jornalistas e outros patifes vão dizer amanhã como foi trágica a
minha morte e todo esse blablablá

mal sabem eles

essa é a mais fácil das aventuras

duro mesmo foi acordar e continuar vivendo, mal sabem eles

não veem nenhuma virtude na ignorância

nem intensidade nas mentiras que contei

ao diabo com as homenagens, missas e rezas, enfiem no rabo as
retrospectivas, as tiragens especiais, os selos comemorativos

sempre deixei claro, prefiro o assobio do servente de pedreiro
quando atravesso a rua de malha colada e sem calcinha

gostei mais dos caras comuns, rudes e até meio violentos

no fim das contas, sempre acabava dormindo sozinha, envolta
em aroma e pesadelo

aprendo, diante do corpo esvaziado de toda dor

trágico foi ter tão cedo vislumbrado um caminho e tê-lo seguido apesar de tudo

mal sabem eles como foi tranquila esta última decisão, tomada no final da tarde, ao sair do banho

senti que a coisa toda já dera o que tinha de dar

assim, depois de telefonemas e anotações inúteis em meu diário

sentei-me na beirada da cama e meio sem querer, soltei a terrível gargalhada

Caio Meira é a assinatura pública de um poeta cujo nome próprio repetidamente se retira, deixando o rastro de sua ausência acatar as máscaras provisórias que a poesia exige lhe emprestar. Os nomes, então, conquistados são os oriundos de algumas dinâmicas da poesia. Como foi salientado pelo filósofo Cláudio Oliveira, o jogo de máscaras que há em Caio Meira absorve, por exemplo, em um mesmo poema, "*De como e quando se descobre uma falcatrua*", a invenção de dois poetas, como uma heteronomia anônima, uma heteroanonimia, introduzindo algo de especial, algo de romanesco como o título da poesia reunida não deixa de indicar, dentro de um único escrito que faz habitar em si a tensão de uma dupla alteridade. Há o poema, em prosa, que o escritor escreve, acerca de um "ele", personagem fictício, e, dentro do poema em prosa, há outro poema, dessa vez em versos, escrito não mais pelo poeta, mas pensado pelo próprio personagem andarilho, enquanto que, no jogo ficcional ("romance"), aguarda a chegada em casa para escrevê-lo. São duas enunciações distintas, dois timbres diferentes, dois sons, duas cores... "*De como e quando se descobre uma falcatrua*" é um poema de muitos níveis e camadas, mostrando, à nossa frente, o próprio fazer poético como poema.

A duplicidade inerente ao jogo de constante recuo do autor, que, deslizando ininterruptamente para fora do texto, no qual, entretanto, deixa os vestígios de sua ausência, tornando qualquer nome fictício ("romance") ou poético, pode ser constatada em outro poema em duas partes, intitulado "*No vão da madrugada*". Na primeira parte, um *voyeur*, que assume a dicção do poema, vê, pela distância escondida da janela noturna de seu apartamento, uma moradora da frente em sua maior intimidade, supostamente não se sabendo observada. Qual não é nossa surpresa quando, na segunda parte do poema, mudando o ponto de vista, o sujeito da escrita é a própria moça que, com as mesmas palavras e frases da parte anterior, alterando praticamente apenas o gênero dos adjetivos e do outro observado, declara se expor voluntariamente àquele que se acreditava despercebido. Confundindo-se com a potencialidade de uma ambiência ficcional ("romance"), a poesia de Caio Meira, permanecendo no vão, no entre um e outro, se atreve a excelências desse tipo, sem perder as características mais poéticas. O deslocamento provocador das transformações se dá até quando as mesmas palavras são mantidas, de uma parte a outra do poema, em uma superfície aparentemente estanque, mas efetivamente em pleno movimento deslizante; até o que parece estacionado está em altíssima velocidade.

...

Em *Romance*, o novo livro de Caio Meira, o mesmo pensamento salientado ao longo deste texto governa os poemas, nos quais se pode ler "uma imperativa abertura que irrompeu em cheiro/ de carne [...]" ou "E como o nada vem do nada, do nada/ vêm também as outras coisas [...]", sendo o nada o mais necessário para se "[...] tentar ser/ mais genuíno e ao mesmo tempo interromper/ um circuito de dependências [...]". Vinculado à carne e às outras coisas como um modo de abertura para a interrupção dos e nos que são "tão transitório[s] e rea[ais]", como uma maneira de se alcançar a independência, o nada aparece direta e imediatamente vinculado à mudez irredutível da vida que, por todos os lados, no livro (e em toda obra), ainda que desconhecida, se quer dizer. Vida é muda, como o corpo é mudo: apesar de afirmar que "[...] a coisa toda está mesmo é nas tripas" e de falar "a vida que acaba de pulsar sob minha carne", no lugar de um sentido que revelasse a totalidade do ser do poeta, no lugar da possibilidade de esse corpo e de essa vida serem ditos, a única franqueza poética possível é a de que "Essa mudez estomacal comprime/ minhas entranhas e se transforma no som mais/ franco que pode emitir meu corpo", ou "Não consigo mais pronunciar essa palavra/ melancólica, irremediavelmente dissolvida/ dentro do meu corpo", ou ainda "[...] Esse código, jamais escrito, que não pode/ nem mesmo ser pronunciado, está doravante/ gravado nas fibras do meu corpo", ou ainda, incansavelmente, "[...] Tento segurar/ um lápis entre os dentes, na vã esperança/ de transmitir ao corpo estas últimas vibrações".

Do corpo e para o corpo, o trânsito das palavras dizíveis está interrompido, a ponte entre a linguagem e o corpo parece estar partida, dando a entender que a vida que o corpo resguarda é exatamente a que, desde o corpo, não se pode dizer, colocando-nos numa zona de mutismo, ou de sons inarticulados, ruídos, que, rebelde a toda e qualquer apreensão conceitual ou imagética, rebelde a tudo o que diz respeito à linguagem articulada, nunca pode ser completamente ultrapassada nem totalizada. No não sentido do corpo, no ser francamente emudecido e singular do corpo, no ser corpo, em nossa face mais obscura, anárquica e incontrolável, nessa solidão que teima em comparecer, apesar da linguagem (ou talvez com ela e por ela), o poeta se encontra "inapelavelmente nu". Com a fala não lhe sendo congênita (mas cuja aprendizagem está presente nele como possibilidade a vir a se realizar culturalmente), o corpo não emite nem pronuncia palavras, que nele se dissolvem irremediavelmente; tudo o que se grava nas fibras do corpo é o jamais escrito, o impronunciável. Quando muito, o incognoscível que é "sentido pelo corpo", o incognoscível que é o corpo, é "[...] transmitido pelos meios/ elétricos e químicos ao lugar em que se dá/ a geração destas palavras, em que brotam as ideias/ que se armazenam e perduram no meu corpo [...]". Ainda que provindas do corpo, mas já diferenciadas dele na transmissão repleta de curtos-circuitos ao lugar em que se dá o nascimento das palavras justas, elas tentam a tradução, digo, a traição necessária, sabendo que, delas, o corpo resguarda apenas as ideias, o inatingível da pura potencialidade da fala, mas não a fala mesma, que, no corpo, emudece. A relação entre corpo e linguagem se estabelece, assim, como uma realizada entre dois foras, que se esbarram a partir da exterioridade de seus limites, mas, por mais que se afetem mutuamente, cada um empurrando o outro para não se sabe onde, eles se mantêm, um para o outro, inatingíveis. O que um consegue atingir do outro é o puro inatingível que se mantém, asseguradamente, inatingível.

Desde a mudez corporal ou de seus puros ruídos inarticulados, desde a mudez da vida, o nada, por analogia, é comparado, por exemplo, à "boceta", sua "forma encarnada". Dizer, de diversos modos, a "forma encarnada" do nada (ou a "desmesura encorpando o vazio") e suas possíveis consequências é o esforço maior empreendido por uma poética que, em suas próteses, em seus "apêndices", em seus poemas, quer, a todo instante, dizer vida, sabendo que "[...] A vida/ deve, afinal, defender a vida [...]", porque

"[...] a vida dentro/ e fora de mim, no meio do caminho da minha/ vida, de pau duro a vida vive dentro de mim". Constatando que "[...] A vida não vem mais até mim, para lançar seus desafios. Sou eu quem deve/ ir atrás da vida, desentocá-la de seus refúgios", a tarefa maior do poeta é defender, portanto, a vida, que pulsa sob e sobre a carne, por dentro e por fora dela. A vida pulsa por todos os cantos e no poema que, prótese, apêndice, é a indiscernibilidade entre o dentro e o fora do corpo e da escrita. Para desentocar a vida de seus refúgios, a palavra do poeta é a que acata a mudez ou o inescritível ou o impronunciável do corporal e do material de vida (ou seus sons inarticulados) sem poder apreender o corpo em palavras, trabalhando para favorecê-lo em sua inapreensibilidade, em sua incorporeidade, em sua imaterialidade. O poeta coloca-se, mais uma vez, num entre necessário: "[...] indo e vindo entre o que você tem de matéria e o imaterial que infla sua carne". O saber do poeta revela que nós somos compostos desse ir e vir entre o material ou corporal ou indizível (alógico) que somos e o imaterial ou incorporal que, na linguagem, também somos, sem podermos abrir mão de um nem de outro, sem que, entre o bio-a-lógico e o linguageiro, haja o assujeitamento de um suposto polo (qualquer que seja) pelo outro determinado como inferior.

Fraturados, experimentando a falta do que em nós é primordial, a ferida que não pode ser cicatrizada, a lacuna que não pode ser preenchida, vivemos, na frequentação dessa disjunção, lidando com essa desarticulação. Vivemos na impossibilidade de dizer (ou de saber) quem somos: pensando o corpo como essa poesia o pensa, ele é um campo de forças a-lógico e singular. Em nós, a linguagem, ao menos a poética, há de garantir o alógico de nossos corpos, a não identidade entre nós e nós mesmos e entre nós e o outro. Poderia dizer que o movimento sem sair do lugar da poesia de Caio Meira vai das palavras que, na tentativa de dar voz ao corpo, formam seu imenso vocabulário ao, no fracasso dessa primeira tentativa, na constatação do que falta, na constatação do oco, corpo das próprias palavras, sem abrir mão, por um instante que seja, dessa tensão imprescindível. A poesia é, assim, a presentificação de uma ausência, a sabedoria e o acolhimento da impossibilidade de o dito ser literalmente incorporado. Tocar a impossibilidade de dizer o corpo, tocar essa mudez, tocando dessa maneira – o modo possível – o incorporal do corpo, eis o que se realiza. Desvinculando o corpo de toda e qualquer imagem, essa poesia não busca uma imagem do corpo; não que muitas delas não existam nos livros de Caio Meira – elas existem, e muitas, mas, desde a impossibilidade que se apresenta, desde a inadequação entre corpo e linguagem, as imagens do corpo estão inteiramente submetidas a um corpo sem imagens, criando uma materialidade do corpo da palavra a assegurar a estrangeiridade, da qual não se pode sair, do corpo. Colocando a imagem a serviço de uma ausência de imagens, a poesia, no lugar de querer capturá-lo, afirma o incapturável do corpo. Trata-se assim de um duplo desalojamento que se dá ao mesmo tempo, de um violento procedimento de dupla expropriação: o corpo a desalojar ou expropriar quem em nós fala e quem em nós fala a desalojar ou expropriar o corpo. Na relação entre o corpo e a linguagem, um é para o outro uma carência ou um excesso, nunca um encaixe; a relação entre eles é sempre de carência para excesso ou de excesso para carência. Somos a relação entre dois foras, ou, poderia ser dito, de dois dentroforas. Nesse desencaixe, o suposto dentro já é estrangeiro e, sendo estrangeiro, é substituído, de dentro, por um fora, ou seja, por outro estrangeiro que adentrará o (seu?) corpo, tornando o comum e o cotidiano estranho e estrangeiro. Cruzando as fronteiras em caminhos de mão dupla barrados pelo centro, que não cessamos de percorrer, das duas instâncias das quais não podemos abrir mão, do bio-a-lógico e da linguagem, a assunção desse paradoxo – paradoxo da vida – do qual a poesia não pode nos livrar, mas antes responder a ele, ecoá-lo, repercuti-lo, inserir-nos cada vez mais nele.

Na poesia, ganhando sua liberdade, a partir do corpo e para o corpo, a palavra, prótese, "apêndice", se joga para fora e por fora do corpo, ao mesmo tempo em que o corpo encontra igualmente sua liberdade ao não se deixar ser apreendido pelas palavras. Na poesia que busca uma escrita do corpo, a liberdade é exatamente a movimentação da palavra para longe e por fora do corpo e a do corpo para longe e por fora da palavra. O poeta é duplamente fora de si, nós somos duplamente fora de nós: somos expropriados do corpo para, na linguagem, fora dele; somos desalojados da linguagem para, fora dela, o corpo, em sua completa afasia. Extático nesse duplo desvio para fora de si, nesse duplo movimento de saída de si, nesse fora de qualquer apreensão de uma essência única qualquer, transitando suspenso nesse entrecaminho exterior, o poeta sabe que não podemos ser definidos pela exclusividade da linguagem (por nenhum tipo, portanto, de logocentrismo), na qual ele é o perito maior, nem pela exclusividade do bio-a-lógico, sendo ele também perito na impossibilidade da fala, no impronunciável do corpo. Ele nos apresenta a fissura entre o endógeno e o exógeno, na qual o homem não é, de forma alguma, intrínseco ao homem, mas uma alteridade de si.

Sendo necessário ao poeta falar, lhe é igualmente preciso garantir uma indizibilidade do corpo, sua impronunciabilidade, sua zona inaudita de batalhas, o ritmo dos sons corporais alógicos e de seus puros afetos inarticuláveis, a, pelos curtos-circuitos, aparecerem na diferença da linguagem poética. Escreve-se para fora, para fora do sentido, para fora do sentido do corpo. Não à toa, em entrevista em um curso de pós-graduação por mim ministrado (em novembro de 2012), Caio Meira afirmou que "toda vez que você vai de encontro a uma matéria tem de saber que ela não é humanizada", ou seja, a matéria ou o corporal é o inumano, o monstruoso. O poeta está intrínseca e necessariamente aberto ao não-humano e faz comunidade com ele, dando indicações de uma ética que comporte, ainda hoje, e, obviamente, de modo distinto, a noção não-antropocêntrica presente desde o início da poesia e da reflexão sobre ela que vincula o poeta ao fora de si e à insensatez (ou à ausência do *nous*).

Sim, o poeta é insensato. Ele não se livra da sua infância, não se livra da ausência da fala com a qual nasceu, e, uma vez adulto, como mergulhador, já saltou do trampolim da linguagem e, despencando, por mais que queira, não consegue mergulhar na piscina do corpo, que recua na mesma velocidade de sua queda. Se, nele, linguagem e corpo jamais se unificam, o poeta, sem poder abrir mão do que mais lhe concerne, dá notícias, desde o salto, dessa distância, desse intervalo abissal. Entre o mudo e o bárbaro, insensato, o poeta é lançado, desde seu corpo, na linguagem, para fora dele, e, quando nela, salta em direção ao corpo, que parece constituído por uma genuinidade pulsante, sem jamais encontrar o que nele, supostamente gravado, procura. Eis a responsabilidade do poeta, sua ética insensata: a de assegurar a descontinuidade entre corpo e linguagem, na qual, em desacordo, vive, no elogio de uma perdição necessária da qual não pode se livrar e que aprende, inclusive, a não querer mais se livrar dela, mas, antes, afirmá-la, confirmá-la, jogar com ela, levá-la cada vez mais ao limite. A insensatez do poeta é a de deixar as palavras soarem o corpo em sua insignificância, protegendo-a, protegendo o corpo.

Se o poeta é insensato por mostrar a indizibilidade ou a impronunciabilidade ou o sem sentido de seu corpo, basta ligarmos a televisão ou abrirmos uma revista para nos darmos conta de como as/os modelos e os corpos famosos dos meios de comunicação de massa são sensatos, ou seja, de como seus corpos (?) estão completamente recobertos de sentidos, revestidos de mensagens que são obstáculos a ele, fazendo com que, ao contrário do que querem vender como uma cultura ou uma sociedade do corpo, ele, o corpo, tornado mercadoria, é exatamente o que, então, é mais ludibriado, não conseguindo estar, em nenhum momento, "inapelavelmente nu". Apesar da crença geral, no mundo espetacularizado, o corpo só comparece enquanto discurso, mensagem, enquanto o já sentido, e, ainda mais, banalizado, clicherizado, o corpo é exatamente o que, em sua singularidade, é recalcado em nome dos sentidos majoritários dados de interesse do capital e do mercado. Domesticado por ele, adequando-se, sem restos, a um discurso, o corpo não é mais do que um corpo-simulacro, dando a entender que tanto a ausência de sentido do corpo quanto a corporeidade da palavra são perdidas. Ocorre, então, uma negação do corpo, sua nadificação (talvez a parte final de "*a terceira morte de m.m.*" seja o momento mais eloquente de tal complexidade: "reconheço a crueza no meu corpo desbotado/ agora que a vida me abandona sem barulho/jornalistas e outros patifes vão dizer amanhã como foi trágica a minha morte e todo esse bláblábla/mal sabem eles/ essa é a mais fácil das aventuras/ duro mesmo foi acordar e continuar vivendo, mal sabem eles/ não veem nenhuma virtude na ignorância/ nem intensidade nas mentiras que contei/ ao diabo com as homenagens, missas e rezas, enfiem no rabo as retrospectivas, as tiragens especiais, os selos comemorativos/ sempre deixei claro, prefiro o assobio do servente de pedreiro quando atravesso a rua de malha colada e sem calcinha/ gostei mais dos caras comuns, rudes e até meio violentos/ no fim das contas, sempre acabava dormindo sozinha, envolta em aroma e pesadelo/aprendo, diante do corpo esvaziado de toda dor/ trágico foi ter tão cedo vislumbrado um caminho e tê-lo seguido apesar de tudo/ mal sabem eles como foi tranquila esta última decisão, tomada no final da tarde, ao sair do banho/ senti que a coisa toda já dera o que tinha de dar/ assim, depois de telefonemas e anotações inúteis em meu diário/sentei-me na beirada da cama e meio sem querer, soltei a terrível gargalhada").

É preciso, então, de fato, como diz o poeta, "cuidar do corpo", "cuidar do corpo e do mundo". Como a poesia de Caio Meira o pensa, passando por fora das tentativas de lhe dar um modelo qualquer que fornecesse uma mensagem exemplar a ser imposta, o corpo interrompe, bloqueia todo sentido, o corpo não possui a possibilidade de exprimir um sentido, o corpo, esquisito, se coloca como o limite de todo e qualquer sentido, aquilo que lhe faz fronteira. O corpo resiste a todo e qualquer discurso, a toda e qualquer mensagem. Um poema, de *Corpo solo*, *"but emily dickinson"*, merece ser visto de perto:

> BUT EMILY DICKINSON
>
> sentada entre abelhas e pensamento, sonhando a luz que se encosta nos telhados e janelas,
> divagando verde-árvores, amarelo-ouro,
> cartões postais espalham pelo colo as beiradas e emanações à hora em que ela se espanta,
>
> penso sua mão sem anéis, suas camisolas de seda, suas tintas, todos os oceanos que não viu, as festas noturnas às quais não foi, seu silêncio maciço e inteiro inquietando os vizinhos, sua reclusão sonora entre livros,
>
> quando se deitava, quando acordava por nada em meio à noite, quando comia biscoitos com leite,

suas fases não bebiam brindes, gargalhadas, comenda,
penso a bunda, sim, a bunda branca de emily dickinson

Seu título, *"but emily dickinson"*, resguarda ambiguidades, tornando-se de impossível tradução e justificando seu comparecimento em inglês, para além do fato referencial de a poeta ser de língua inglesa: a conjunção mostra e, simultaneamente, esconde. O que é mostrado e o que é escondido? Em um começo a que falta algo anteriormente dado, em um começo que é, portanto, meio, em um anulamento do começo pelo que se dá pelo meio, mostra-se uma conjunção adversativa que opõe um não dito anterior – presente (enquanto não dito) – à poeta. Talvez o não dito anterior ao qual o *"but"* se contrapõe seja uma forma para o notório recolhimento silencioso da poeta imediatamente aparecer, enquanto falta, enquanto ausência. É impossível dizer o silêncio da poeta, sua "reclusão sonora", mas, ainda assim, mesmo pelo que não é, entretanto, mais o estampido do silêncio reclusivo vivido por ela, e sim as palavras, também poéticas, de Caio Meira, é de Emily Dickinson que se trata. Nesse meio tempo, nesse entretempo, nessa interrupção entre o silêncio irrecuperável de uma e as palavras do outro, se dá o poema em questão. Como poderia o poeta Caio Meira fazer, com suas palavras, aparecer o indizível de Emily Dickinson enquanto indizível? Parece ser isso que o título está a acionar. Pelo fim do poema, pode ser deduzido, entretanto, que o *"but"* não diz apenas algo que seria como os nossos "mas", "porém", "contudo", "entretanto", "no entanto"; há algo que talvez diga com mais precisão a relação entre silêncio e corpo, entre o impronunciável e o corpo. Talvez o título sinalize que o corpo da poeta é o que falta, que seu corpo seja o objeto perdido com cuja perda o poeta quer lidar. O poeta lidaria assim com a perda do corpo da poeta, que permaneceria resguardado em seu silêncio, inacessível em seu afastamento, inapropriável em sua reclusão libertária. Mas, tomando o último verso do poema como necessário à sua compreensão, o que o título ainda mostra, o que o título ainda esconde? Bem-humoradamente, o último verso diz: "penso a bunda, sim, a bunda branca de emily dickinson". Sabendo que a palavra "bunda" em inglês se diz "*butt*", não se faz ela também presente na conjunção homofônica do título? De que modo ela, a palavra bunda, "*butt*", está presente no "*but*" do título? Certamente, sua presença se confunde com sua ausência ampliada, anunciada no "*t*" que, excessivo, falta. O "*t*" de "*butt*" (bunda) que falta em "*but*" (mas) sinaliza a impossibilidade mesma de se falar a bunda, o corpo, sendo ela e ele os que faltam, ao se fazerem de algum modo presentes, presentes por suas faltas. A bunda é o excesso que se faz presente no título pela falta. Quer-se falar a bunda de Emily Dickinson, mas... Quer-se falar o corpo, mas... No meio dessa interrupção entre a coisa a ser dita (o corpo) e o que dela se diz, coloca-se o poema, que, desde o início, ambienta a poeta "sentada entre abelhas e pensamento". Nesse poema que continua reforçando o que diversas vezes chamei de uma poética do entre, a relação da poeta com o mundo, como mostra a primeira estrofe, se dá pelo "pensamento", pelo "sonho", pela "divagação". "Sentada entre abelhas e pensamento", ela está "[...] sonhando a luz que se/ encosta nos telhados e janelas", "divagando verde-árvores, amarelo-ouro"; para ela, do mundo, apenas "emanações". Parece ser exatamente a percepção da fratura entre as coisas e o que delas se percebe, entre as coisas e o que delas se diz, entre as coisas e suas "emanações", que a leva "[...] à hora/ em que ela se espanta". Enquanto a primeira estrofe aborda essa relação entre a poeta (Emily Dickinson) e o mundo, a segunda trata da relação entre o poeta (Caio Meira) e a poeta da qual ele fala. Nela, ainda que de modo ligeiramente distinto, também para ele a interrupção sinalizada, caracterizada tanto pelo "penso" com o qual a estrofe se inicia, e que permanece implícito a cada uma de suas orações, quanto pelos negativos está presente: "penso sua mão sem anéis", "[penso] todos os oceanos que não viu", "[penso] as festas noturnas às quais não foi", "[penso] seu silêncio maciço", "[penso] sua reclusão sonora". Dentro da cisão entre mundo e linguagem, na impossibilidade de dizer seu objeto, o poeta pensa o negativo de seu objeto, assumidamente perdido; o poeta dá voz então ao que a poeta não tem, não vê, aonde ela não vai, no não dito por ela, no onde ela se resguarda sem se deixar visível nem mesmo, claro, para o poeta que a fala. Encontrar no pensamento o objeto perdido ou o perdido do objeto que garanta a "nudez" intocável, inapropriável e invisível do corpo do qual fala ("penso sua mão sem anéis") é o objetivo principal do poema, que termina com o previamente citado "penso a bunda, sim, a bunda branca de emily dickinson". Há de ser assinalada a maneira como esse pensamento se realiza: desejando uma proximidade maior com o corpo da poeta, buscando algo que não seja uma fala sobre a poeta, Caio Meira não se utiliza da preposição habitual "em", ele não pensa "na" sua mão sem anéis, ele não pensa "na" bunda branca de Emily Dickinson, mas pensa "a" sua mão sem anéis, "a" bunda branca da poeta de Amherst. Nesse caso, pensar é também estar penso, pendido, inclinado, tendendo para um corpo que foge em velocidade maior, impossibilitando sua apreensão. Pensar o aparentemente mais próximo se constitui como um modo de tocar o intocável do mais distante, seu objeto por excelência de contemplação, o que há de fato para ser pensado, o imaterial ou a coisa na fronteira da não coisa, ou seja, a nudez de "a bunda branca de emily dickinson". Só assim eclode mais um sentido ao "*but*" (indiscernível agora de *butt*) do título, que surge para indicar a impossibilidade de qualquer outra coisa que pudesse ser anunciada para além da não coisa que é dita, o para o quê não se tem alternativa senão seguir em sua ausência, o inevitável, o irremediável, simplesmente, da nudez de Emily Dickinson, o incontornável de "penso a bunda, sim, a bunda branca de emily dickinson" (acrescido ainda pelo advérbio "sim", de consentimento enfático ou incisivo) como dinâmica da poesia. Também aqui, é ao "inapelavelmente nu" que o poeta dá voz.

Exposto em sua nudez, o corpo se mostra em sua singularidade, mas, sem se deixar apropriado, deslocado de si, também se vela, fendido na impossibilidade de se identificar com o que dele é exibido. Mostrar a nudez do corpo é deixar ver os sentidos que lhe cobrem como roupagem, garantindo-a enquanto o para o quê não há palavras pronunciáveis, ao mesmo tempo em que seu enigma é assegurado. É certo: o corpo ama esconder-se. Antes de o que o exibe integralmente dando-o ao consumo geral, a nudez é um acontecimento a resguardar o corpo em seus implícitos. Nessa poesia, o que é obsessivamente buscado é o corpo em sua realidade, ou melhor, o real do corpo. O corpo que não é palavra, que passa por fora dela, disso, com suas palavras, o poeta presta testemunho.

Certamente é estranho que o poeta fale; certamente é estranho que, em sua zona de mutismo, o poeta garanta, em seu corpo, onde "a coisa toda está", onde "a vida acaba de pulsar", onde "reside o som mais franco", a impossibilidade mesma da fala, e insista em, desde aí, desde esse vão, desde esse em vão, equivocamente, falar. O poeta traz a ausência da palavra ou a interseção entre o que há para ser dito e sua impossibilidade – a interseção entre o possível e o impossível, e, sobretudo, o que disso deriva, o que deriva desse esbarro – para a poesia. O que diz o poeta?, eis nosso enigma. O quê diz o poeta, eis nosso enigma. Em Caio Meira, o estilo – traço poético por excelência – é o modo singular resultante do campo de atrito entre o corporal a-lógico ou força pré-linguística e o linguageiro, que abala o poeta, ou seja, o estilo é o modo como o poeta, saindo obrigatoriamente do corpo, para fora e por fora dele, escreve colocando-se, abalado, nesse vão entre o bio-a-lógico e a linguagem, nesse vão que relaciona o bio-a-lógico e a linguagem pela proximidade e, simultaneamente, pelo afastamento, pela atração e, simultaneamente, pela repulsão, pela intimidade e, ao mesmo tempo, pela estranheza.

Esse campo de atrito também pode ser chamado de poesia: ser impulsionado pela alta tensão implicada nos esbarros entre uma pura estranheza para além de todo e qualquer sentido e a excentricidade da linguagem, de tal forma que esse impulso consiga inventar um começo que, desviante, deixa no começado um efeito da força impulsionadora, sem que se tenha, entretanto, acesso a ela, senão pelo que, no efeito, se pode rastrear até a fronteira, que ele tornou sensível, da pura estranheza. Prótese, "apêndice", já estando no começo, o poema é esse efeito, ele é um relevo da fronteira, uma fímbria do limite ou um contorno fragmentado da pura estranheza do que não se pode dizer (em *Romance*, do corpo), mas que, por ele, encontra sua maneira singular. Bordejando a ausência impronunciável, afetado por ela, com seu quase sentido, o poema é insensato. Insensato, o poema se atreve à poesia que o nega. Dizer que a poesia nega todo e qualquer de seus efeitos ou de seus poemas é colocá-la como possibilitadora de todo e qualquer sentido, de toda e qualquer positividade, de toda e qualquer modalidade do que chamamos poema, que com ela jamais se confunde. Ao mesmo tempo, é o poema que determina a vitalidade do sulco que com a sua passagem se abre e que, uma vez aberto, assim ele permanece a cada vez que o poema é retomado. Múltiplo, o poema não tem assim nenhuma forma que o caracterize como tal; sua única forma é a que está por vir, qualquer que seja, desde que um "apêndice" da poesia. Para permanecer em sua busca necessária, o poema tem por característica esse amor à poesia, esse amor ao que lhe quer destruir, mas que, nesse movimento de ser destruído, ele mantém a poesia, que torna sua existência possível, viva. A poesia é o que todo poema quer assegurar, ou seja, todos os poemas, todos os versos, querem, de algum modo, em seu fazer, assegurar o seu reverso. Essa é, sem dúvidas, a importância do poema, assegurar, através de qualquer modalidade que venha a ter, a cada vez, a abertura do sulco da poesia como impreenchível, insaturável, como permanente. Vive-se sem aquilo que o cânone chama de poema, mas não se vive sem o que está sendo chamado aqui de poesia.

Se os diversos modos políticos de lidar com o corpo poderiam ser chamados de somatotecnia enquanto as técnicas e tecnologias destinadas a lhe dar sentido, a manipulá-lo e a intervir nele, se essa somatotecnia se confunde com uma somatopolítica a todo momento produzindo as nossas individuações e as nossas vidas comunitárias, se essa somatopolítica está assentada em uma somatologia a apreender o corpo regulando a nossa vida bio-a-lógica, a somatopoesia de Caio Meira, cuidando do corpo, "tocando" o corpo, ou seja, partilhando sua indeterminação através de uma heterogeneidade e de uma heterotopia de seus sentidos logológicos, assegura, na política existente, uma não-política (ou uma política não-política) que está no fundamento da poesia. Por isso, a poesia não pode estar do lado do Estado nem do capital nem da propaganda nem dos meios de comunicação de massa, em poucas palavras, por isso, a poesia não pode estar do lado do poder. Enquanto a política puder ser definida como o governo do homem sobre a corporeidade (sobre a animalidade, sobre a naturalidade) pelo logos, tomando para si o domínio do bio-a-lógico, a poesia, sendo o lugar da pura potência, inclusive, da pura potência corporal, sendo o lugar do que está ao lado de si mesma (sempre ao lado e nunca em si), assegurará a cada vez a impotência do poder, sendo um dos últimos redutos de resistência. Claro que, hoje, sua tarefa é inglória, talvez, mais inglória do que nunca, na medida em que já é certamente impossível escapar das tecnologias de poder, mas ela resiste como uma das últimas instâncias – ainda – necessárias a, mesmo que perifericamente, calcar sua existência em possibilidades alternativas, em uma não política, em uma impotência do poder, em um campo da pura potencialidade.

Levando ao extremo o que estava presente desde *No oco da mão* ao narrar a vida de uma Maria do Socorro qualquer, agora, dizendo-se "há tanto tempo envolvido [...] com o que me navega/ sob a pele", para expor as diversas modalidades de vida, os nomes próprios desaparecem, desde os femininos famosos a assumirem esplendidamente a voz, como os de Marilyn Monroe ("*a terceira morte de m.m.*") e Billie Holiday ("*gardênias para Eleanora*") e Emily Dickinson ("*the odd lady*") na parte final de *Coisas que o primeiro cachorro na rua pode dizer*, até os mais comuns que não designam ninguém especificamente, como M.S. Do caminho que liga e separa a parte final de *Coisas que o primeiro cachorro na rua pode dizer* ao início do livro novo, nesse, o poeta se empenha por dizer – e diz – uma vida entre outras, uma vida qualquer entre outras, alguns modos cotidianos de vida entre outros, alguns acontecimentos vividos em algum momento por qualquer um entre outros. Trata-se de mostrar que os microacontecimentos de quaisquer modos de vida trazem consigo a intensidade do pequeno, do mínimo, da singularidade de cada cotidiano. Quando, porventura, um nome próprio aparece, além de se referir apenas a uma terceira pessoa, comparece sob o signo de um "talvez" dubitativo duplicado pelo "ou" e triplicado pela pausa hesitante da vírgula a aumentar ainda mais a incerteza, a inapropriabilidade, a impossibilidade de um nome próprio dizer o qualquer de uma vida: "Conheço-o de vista,/ da noite, talvez se chame Eduardo, ou Jorge". São precisos outros caminhos.

Na primeira parte do livro, "*Entre outros*", dessas vidas anônimas, desses modos de vida que assumem a voz dos poemas, sabemos que quem fala é ora um homem, ora, uma puta, ora, alguém à beira de uma explosão, ora, um ex-estudante de medicina, ora, um pai, ora, um marido cuja esposa se encontra ao seu lado em uma poltrona do avião ou outro que trai a mulher em uma festa etc. Um ou outro alguém, que diz "minha vida"; um entre outros. Diz-se "minha vida" sabendo-se que vida não é propriedade de ninguém. O possessivo aqui quer dizer apenas que essa – "minha" – vida é uma entre outras, que ela é uma vida qualquer. Uma vida, as vidas de quarenta e sete pessoas, porque de uma a uma ela vai se mostrando singular em sua qualqueridade, a ser afirmada e confirmada. Nesse livro, vida e seus modos de vida são indiscerníveis. De uma pessoa, de quarenta e sete pessoas, de vinte e três pessoas, vida vai se mostrando em seu fio tênue – nas horas finais que, por pouco tempo, restam, ela se entrega como a última e única a ser vivida. Escrever então essa vida, essas vidas, da(s) qual(is) não se pode voltar nem avançar, como um ato derradeiro do que não pode ser feito antes nem depois. Escrever apenas depois de, como uma prostituta, ter caído na vida, porque, sem cair na vida, sem "[...] tirar os sapatos para ficar da/ altura da vida [...]", não há escrita. Escrever a escrita de uma vida irremediável. Escrever testemunhando um momento de uma vida qualquer, escrever desde a impossibilidade "[...] [d]Esse código, jamais escrito, que não pode/ nem mesmo ser pronunciado, [que] está doravante/ gravado nas fibras do meu corpo". Como escrever o inescritível da vida, o impronunciável de um código gravado nas fibras do corpo, como escrever o sob a pele ou a intensidade das tripas, como escrever ou dizer a impossibilidade de uma "frase que me mostrasse inteira [...]"? Como escrever a potencialidade nela mesma, senão desde o que, a cada momento, se atualiza, e sem abrir mão do atualizado? Como permanecer no intervalo, no "entrefôlego" entre a mudez e a fala, entre a potência e o ato? Como deixar o possível perseverar? O leitor verá ou terá visto a virulência do efeito de tais perguntas percorrer os poemas de Caio Meira.

Enquanto que em *Corpo solo*, de 1992, é encontrada uma parte intitulada "*dissecando a vulgata*", com os deliciosos poemas "*introdução à ciência do afago*" e "*ladies room*", radicalizando essa vertente, em *Romance*, lemos o desdobramento de tal tipo poético em duas partes interligadas, intituladas "*Fenomenologia para a ereção*" e "*Pandora*": a primeira é constituída de oito poemas, todos contendo a expressão "pau duro"; a segunda é composta de dois poemas sobre a "boceta". O surpreendente aí pode ser facilmente flagrado – com larga exclamação – logo no primeiro poema da primeira série, em que o pau não está duro pelo desejo erótico de um objeto qualquer, mas pela necessidade corporal de quem acorda em plena madrugada com vontade de fazer xixi, assegurando o não reconhecimento de seu próprio corpo, que permanece estranho, pelo poeta:

> I.
>
> Outra vez, acordo na madrugada de pau duro.
> sem desejo, sem objeto, a matéria
> cavernosa injetada de sangue não bombeia
> imagem, não infla nem enrijece outro corpo
> a não ser a própria carne dilatada. Quanta
> vontade primitiva fala agora por meu cerne,
> qual proporção de instinto, que medida
> atávica constrói essa tenacidade sem fim

> algum? Não, não me reconheço nesse corpo
> estranho. Não passo de uma corda atada latejando
> entre a noite e a manhã, essa madrugada
> em ereção a caminho do banheiro.

Para além dos vínculos ou das transformações entre o livro mais recente e os anteriormente publicados, o que mais importa é chamar atenção para a força e a beleza dos inúmeros poemas. O título *Romance* pode se referir aos esbarros entre os gêneros que, a partir do poema, essa escrita efetua, o título *Romance* pode se referir à máxima presente desde o poema de abertura do livro de estreia, "não diremos metáforas", antecipando em quase quinze anos a busca por uma poesia pós-metafórica tal qual pleiteada explicitamente pela poeta e teórica argentina Tamara Kamenszain, o título *Romance* pode se referir ao caminho buscado ao longo dessa obra por uma poesia não imagética (a não ser que se entenda a materialidade da linguagem mesmo como imagem), o título *Romance* pode se referir, como diz Badiou sobre Rimbaud, a um trabalho singular da prosa no interior do poema ou de uma latência de prosa no poema, o título *Romance* pode indicar que todo sentido é obrigatoriamente uma ficcionalização, ou melhor, que o traçado de uma fronteira entre a verdade e a ficção é inteiramente irrelevante ("Reúno toda minha coragem e pergunto a ele se seus/ escritos são ou não ficção, se toda aquela erótica/ narrada é fato ou invenção. Ele me responde que/ nem uma coisa nem outra, que minha pergunta/ não tem qualquer sentido"), mas, entre outras coisas, também é praticamente homônimo à belíssima parte com que o livro se encerra, "*Um romance*". Nela, modos do amor contemporâneo se mostram nos corpos, nos afetos que o incorporam em "*um abraço*", "*um sorriso*", "*um beijo*", "*uma separação*", "*um amor*"...

Não é a todo momento que se escreve, por exemplo, um poema como o que reproduzo abaixo, digno de ser um dos muitos que colocam Caio Meira como um dos poetas mais necessários de serem lidos dos últimos tempos, como um dos que mostram a grandeza da poesia de nosso tempo. Com certeza, é propositalmente que o livro inédito e a poesia reunida comecem com ele:

UM ABRAÇO

quando nos encontramos e nos abraçamos por apenas
alguns segundos, quando coloquei minha cabeça ao lado
da sua e o seu tronco por poucos instantes se colou
ao meu tronco, com minha mão pousada nas suas
costas, sobre sua pele, sobre sua coluna
vertebral, nisso que se define normalmente como um abraço
de cumprimento, de duas pessoas que não se veem há
algum tempo e por algum tempo se abraçam
para celebrar a alegria do encontro, do reconhecimento
do rosto, do corpo, da vida mútua, esse abraço
comemora, numa pequena intimidade, um encontro, ainda que
de modo furtivo, um pequeno lapso de tempo, dois
ou três segundos, pouca coisa mais ou menos do que
isso, esse abraço que envolve meu tronco no seu tronco, de
onde brota o seu corpo, de onde nascem os seus membros
e por onde circulam fluidos e voltagens elétricas em
rajadas ínfimas regulando o tônus que dá integridade ao
seu corpo, que faz com que seu corpo esteja de pé,
na minha frente, comandando seus braços a se entrelaçarem
nos meus nessa configuração que caracteriza o abraço, esse e
qualquer outro, nesse abraço em que nossos corpos se tocaram
e que por parcos segundos senti sob a minha mão
suas costas, sua espinha dorsal e suas costelas sob meus dedos,

em que senti ou intuí que seu coração batia ali dentro
comandando a maquinaria do seu corpo, impulsionando
sua vida, pensamentos, sonhos, memórias, a prosseguir
no dia, no tempo, sob a minha mão espalmada em
suas costas, sob a pressão delicada (ou dedicada) dos
meus dedos, o arcabouço que protege sua vida,
a vida que circula em seu tronco, por míseros instantes
colados ao meu tronco, quando seus seios se
colaram ao meu peito, quando seu coração
se aproximou do meu pelo tempo que costuma
durar o abraço, na duração dos braços e do tronco,
na duração do corpo, da mão espalmada sobre suas costas,
no tempo nem imenso nem ínfimo que perdurou
nesse abraço em que se abraçaram as vidas, os sonhos,
os pensamentos, os sorrisos entrelaçados, como os braços,
como os troncos aproximados, unos quem sabe, durante
um espaço de tempo incomensurável, eu diria, mas
efetivamente sentido pelo corpo e transmitido pelos meios
elétricos e químicos ao lugar em que se dá
a geração destas palavras, em que brotam as ideias
que se armazenam e perduram no meu corpo, que se abraçam
à minha vida a partir daquele abraço que pouco
ou quase nada durou em matéria de tempo cronológico,
mas que insiste ainda agora, aqui, quando me invade
a forma do seu tronco colado ao meu naquele dia em que nos
encontramos

Como em poemas anteriormente mencionados do último livro, em "*um abraço*", os microacontecimentos de quaisquer modos de vida anônimos trazem consigo a força do pequeno, do mínimo, da singularidade de cada cotidiano. Em um encontro fortuito ocorrido em qualquer lugar entre duas pessoas quaisquer que não se veem há muito, do qual e das quais nada sabemos, um abraço é dado, "para celebrar a alegria do encontro", para "comemorar [...] um encontro". Não de um modo qualquer, não, por exemplo, com um olhar exterior objetivado de alguém que, de fora, veria o abraço sendo dado, e sim por aquele que, tendo estado no abraço, tendo estado submetido à sua força, o escreve para nós leitores desde a experiência de sua "pequena intimidade". Sendo um poema de quem esteve, de fato, tomado pela intensidade de um abraço, o que ele busca dizer, para além da "pequena intimidade" exclusiva de uma pessoa específica que vivenciou o encontro, é o modo como um abraço, "[...] esse [dado] e/ qualquer outro [...]", se manifesta. Nesse poema sobre o que "se define normalmente como um abraço", trata-se, então, de, a partir de um abraço qualquer dado por duas pessoas quaisquer, transformar um abraço em um exemplo ou em um paradigma poético – transformá-lo em um abraço emblemático – da "pequena intimidade" que comparece em um abraço. Em sua singularidade, um abraço está ali, ele foi dado, em algum instante, em algum lugar, entre duas pessoas, como um acontecimento único, não podendo ser substituído por nenhum outro; apesar disso, há um percorrer das distâncias entre o abraço dado e o que do abraço é dito, um atravessamento do encontro ocorrido às palavras do abraço no encontro, uma transposição do episódio em poema, de tal maneira que, invertendo a situação tida por primeira, só sabemos do abraço supostamente dado pelo poema, que se torna o próprio acontecimento do relato do abraço e do abraço mesmo, e não a representação de um e de outro prévios. De certa maneira, é em decorrência do abraço dado na rua que nasce o poema, mas é apenas pelo poema que temos acesso ao abraço supostamente factual que teria sido dado. Não é improvável que o abraço dado (se é que ele, biograficamente, aconteceu) não tenha tido nenhuma importância especial para aqueles que o deram no momento mesmo em que ele teria ocorrido, mas que sua relevância extrema tenha se dado apenas, *a posteriori*, quando, na retirada do tempo presente em que o abraço teria se dado, sabe-se lá por quais motivos, o poema nasceu. A transformação do abraço em existência poética, o leva a se relacionar igualmente a "qualquer outro" abraço, fazendo o singular se tornar comum, o particular, público, o factual, virtual, o atual, potencial, em poucas palavras, o cotidiano, poético. Parodiando um título de uma série presente em *Romance*, trata-se de fazer uma "fenomenologia" para um abraço, ou seja, a partir de um abraço dado, deixá-lo e fazê-lo ser percebido em sua escrita poética a partir de si mesmo enquanto abraço, enquanto isso com o que, vindo ao encontro, se dá enquanto o modo de o próprio encontro se realizar. A "fenomenologia" para um abraço evidencia o que acontece na maior parte dos abraços diariamente dados sem que neles isso seja explicitamente percebido, apesar de ser o que constitui o abraçar e que, por isso, precisa ser lembrado, de modo a nos oferecer a possibilidade de nos darmos conta das forças mais íntimas que se acionam e se deslocam quando um abraço é dado, para que possamos fazer, de fato, a experiência do acontecimento de um encontro. Visando-se como um acesso a esse abraço dado e a qualquer outro, o respectivo poema, com sua interpretação que cria uma sintaxe e uma gramática para o abraço, é uma intervenção poética na presença efetiva e afetiva de cada abraço diariamente dado, que de algum modo passa a se relacionar com ele. Com sua frase longa e única, com sua sintaxe retorcida a realizar isomorficamente o abraço do qual fala, somos abraçados por um gesto poético que libera em nós e para nós um afeto que, gratuitamente, teima em insistir, na linguagem, no poema, enquanto o efeito de um abraço, depois de ele ter sido dado (para além da isomorfia, é igualmente mostrado que a relação entre o escrito e o leitor é, nos mesmos termos, de abraço). O poema atrela a "pequena intimidade" de um anônimo qualquer, dando-se em relação – ao outro – na experiência sensível do abraço, à linguagem, que pensa o acontecimento vivido, nomeando-o, poetizando-o, recriando-o, para que diga o que é um abraço. Explicitado pelo advérbio com o qual o poema abre e que reaparece logo em seguida no segundo verso decidindo sua importância para a compreensão do poema, há um tempo desse abraço, ou, como seria mais preciso dizer, há um "quando" desse abraço a revelar sua dimensão temporal. Qual, portanto, a dimensão temporal do abraço? Como o encontro é furtivo, o tempo comparece tanto em sua rapidez fugidia quanto de modo clandestino, praticamente impossível de ser percebido, ou seja, há dois modos de lidar com o tempo do abraço: o primeiro é caracterizado enquanto, de dentro do tempo, o tempo que passa, o tempo que escoa rapidamente, "alguns segundos", "poucos instantes", "algum tempo", "um pequeno lapso de tempo", "dois ou três segundos, pouca coisa mais ou menos do que isso", "parcos segundos", "míseros instantes"; o segundo modo é inteiramente anacrônico, contracronológico, do lapso de tempo no sentido de quando, pela interrupção, o tempo falha, uma intensificação do primeiro possibilitada por um novo elemento que, a respeito do tempo, comparece na parte final do poema. No momento derradeiro, o tempo deixa de ser um período contínuo, no qual os acontecimentos se sucedem, passível de ser medido, ainda que pelo efêmero ou fugaz, passando a estar subordinado ao corpo: o "[...] tempo que costuma/ durar o abraço, na duração dos braços e do tronco,/ na duração do corpo, da mão espalmada sobre suas costas", um tempo "sentido pelo corpo". Ainda deve ser perguntado: que tempo é esse do abraço, dos braços, dos troncos, das mãos, que tempo é esse submetido ao corpo, sentido pelo corpo? Que duração é essa, quanto ela dura, qual a sua medida? O poema responde reiteradamente, no futuro do pretérito ("eu diria"), designando a quase impossibilidade de escrevê-lo: "o tempo nem imenso nem ínfimo", "um espaço de tempo incomensurável", um tempo que "[...] pouco/ ou quase nada durou em matéria de tempo cronológico". Nesse tempo que não se mensura e que, de sua potência aberta, insiste, mesmo depois da experiência sensível do abraço, no dia, no tempo, no agora do poema escrito e lido e relido, duas pessoas anônimas, dois quaisquer, duas singularidades, se abraçam, de maneira a, paradoxalmente, não permanecerem na exclusividade do dois nem se tornarem apenas um, mas a, na experiência do encontro a tramar o acontecimento do abraço, se transformarem em "unos quem sabe". Quem sabe, no (des)limite, mais uma vez, da pele, o poema diz "unos", no plural, dizendo ao mesmo tempo o um (a ausência de limites engendrada pelo abraço) e o dois (a manutenção das diferenças que se abraçam), como disposição de quem no encontro compartilha "a vida mútua". Fazer a experiência da "pequena intimidade" do encontro ou do abraço na "vida mútua" é, pelo vão congênito, muito mais do que simplesmente se colocar frente ao outro, deslocar-se, em direção à alteridade, ao fora de si que toma quem abraça sem deixar de ser uma singularidade qualquer. A "pequena intimidade" do abraço constitui-se como a intimidade possível com o vão (a pele com seus poros) pelo qual o poeta sempre se aventura. O abraço é, pelo vão do corpo, a experiência do outro sem prazo. Em "*um abraço*", comparece, de modo ímpar, o que obsessivamente é uma das maiores forças dessa poesia: a de ser uma poética do entrelaçamento.

Diante de um poema como esse, diante de um livro como esse, diante de uma poesia reunida como essa que nos revela em Caio Meira um dos mais importantes poetas de nossa geração, não há como não rir de frases que se tornaram repetitivas por uma parte sombria da crítica brasileira que acredita lidar com a poesia contemporânea, apesar de desconhecê-la e os modos de leitura – por virem – pertinentes para ela: "nem tenho o que dizer sobre os poetas brasileiros atuais. Alguns são razoáveis, outros nem isso, a maioria chatíssima, sem sangue nem nervo"; entre os "escritores contemporâneos [que] não cessam de aparecer [...], não há nada de relevante sendo escrito"; as "duas últimas décadas do século passado, não contou no Brasil com um ponto de vista artístico relevante da parte da produção poética. A poesia deixou de ser companheira de viagem do presente, deu as costas aos acontecimentos"; a "novidade pouco entusiasmante da dinâmica recente da poesia brasileira"; "o ramerrão da produção [poética brasileira] contemporânea"; as "pragas da literatura brasileira atual" e a "profusão de má poesia"; "Venho há algum tempo me referindo a certa pequenez generalizada que tomou conta da poesia brasileira"... E blá-blá-blá... e cricri... de certa crítica.

A certeza que fica: além de terem lido mal os poetas que leram, esses críticos não se deram ao trabalho – e ao prazer – de ler, entre outras, a poesia de Caio Meira. Enquanto alguns críticos teimam em reclamar da poesia e do lugar desprivilegiado que hoje ela ocupa, os poetas (e outros críticos mais afeitos ao contemporâneo), no lugar de um ressentimento tolo e mesquinho por seu tempo, ruminam maneiras de fazer com que a tradição, ao invés de prendê-los a um passado nostálgico, instigue-os a uma aceitação e a uma transformação do presente – e a uma aceitação e a uma transformação da própria tradição. O primeiro grande mérito que logo irrompe à leitura de *Romance (e poesia anterior: 1993-2013)* é o de estar radicalmente à altura da exigência da vida de hoje. Para se confirmar isso, basta que se folheie o livro, estando-se atento para o fato de que, além de criar uma sintaxe, todo poeta que se preza inventa, simultaneamente, um vocabulário, um conjunto de palavras afetivas que quer ganhar corpo na escrita. Tal vocabulário poético demarca o que o escritor privilegia, aquilo de que ele se torna estranhamente íntimo, querendo desdobrar essa intimidade estranha para, de alguma maneira, estimular nossa relação com a vida vária e diária, transformando-a e nossa relação com ela. Através do poeta, o que impressiona é a percepção de que aquilo de que ele é estranhamente íntimo é também a íntima estranheza de todos nós, sem que tivéssemos atentado para isso.

Há muito, não vejo na poesia brasileira (e, até onde conheço, não apenas na brasileira) uma explosão vocabular ou um vocabulário afetivo como o de Caio Meira. Em companhia do que já foi dito sobre o vocabulário corporal, a ordinariedade cotidiana que nos circunda está toda ali como um outro vocabulário obsessivo, já que, fugindo das imagens, Caio Meira "anda atrás das coisas mais palpáveis, sólidas". Só para dar um exemplo, em *Coisas que o primeiro cachorro na rua pode dizer*, tais palavras das coisas mais palpáveis e sólidas são a primeira pancada que recebemos de nossa época: capô do carro, radiador, praça, rua, cabines de rádio, tijolos, telhas de amianto, caixas d'água, nó da gravata, mercado, ventilador, mega-sena acumulada, dinheiro, filas dos caixas, bancas de jornal, banheiro público, lâmpada de supermercado, lanterna halógena raiovac, motor de caminhão, apostila, calcinha, batata da perna, escova de dentes, cabo de guarda-chuva, loja, esfirra, rádio-relógio, termômetro, caneta bic, guardanapo, fiscal da prefeitura, caixote, saliva, televisão, números de telefone, economia, ortodoxia, consultoria, alarmes contra roubo, sonda, a bolsa de Cingapura, números dos documentos...

Minha vontade é preencher páginas e mais páginas com essas e muitas outras palavras que, vibrando e retinindo, permeiam essa poesia. Caio Meira joga o jogo de descobrir o poético em cada insignificância, fugidio pela cidade, arrastando o que lhe aparece pela frente. O poema "*se não fosse a Sorbonne* e o *sa-*

bonete para pele macia" é um dos muitos primorosos, cuja primeira parte, forte crítica irônica às "palavras asseadas", cito:

> repetidas vezes, AVL quer ser poeta: vem com aquelas palavras asseadas, que não mijam em banheiro público, dobras de panos que não arrastam na lama, incutidas por unhas que nunca estiveram atochadas na graxa
>
> quer encontrar a frase iluminada, mas não por lâmpada de supermercado ou lanterna halógena raiovac, quer a luz escoada em página de livro, em cidade desaparecida, cintilação interior, como ela diz
>
> ela é sabida, visita paris uma vez por ano, tem a última versão (importada) da ciência estética, estudou oito anos de piano e não escuta música popular há muito tempo
>
> apesar de craque em lítotes, dáctilos e trocaicos, recusa-se a se debruçar sobre as bielas e o diferencial que fabricam o movimento do seu carro
>
> vou dizer a ela: quando o motor não quiser pegar, você vai acabar tendo de mostrar a bunda pra galera.
>
> (AP depois comenta que AVL seria escritora se não fosse a Sorbonne e o sabonete para pele macia)

Ultrapassando o vocabulário utilizado, ressalto, ainda, e, sobretudo, o que dele é feito – a sintaxe criada por Caio Meira. Como dito, mais do que uma poética de fôlego largo, prefiro salientar que se trata de uma poética de "entrefôlegos", ou seja, do intervalo entre um fôlego e outro, do intervalo em que, entre um fim e um começo, nada deseja nem pode se fixar, do intervalo da indefinição de um durante que não permite radares nem bússolas, do intervalo de tudo o que, pelo elogio do inacabamento e a seu incentivo, não se deixa, de maneira nenhuma, deter. Nada começando nem terminando, na interrupção de todo começo e de todo fim, trata-se aqui de fluxos a partir dos quais todo começo e fim podem, efetivamente, se estabelecer e se desestabelecer. É no intervalo, no entre, na interrupção conseguida que o fluxo de fato reside. Se o vocabulário de Caio Meira é composto das coisas mais palpáveis e sólidas, sua sintaxe vem transformá-las, desindividualizá-las, levá-las a seus extremos, ao ponto em que, em seu limite máximo, elas alcançam seu fora, a indiscernibilidade com as puras intensidades que, cortando-as, possibilitam um campo aberto a partir do qual elas se configuram e desconfiguram. Situados abaixo de todas as formas, sujeitando-as ao mesmo tempo em que a elas subjazem, os movimentos são os sujeitos imperceptíveis de todas as individuações. É a imperceptibilidade dessas velocidades que a arte quer tornar perceptível, levando a ela tudo o que é sólido.

Para terminar, é preciso dizer que os poetas que leram essa poesia, também críticos e teóricos e filósofos, como Francisco Bosco, disseram, sobre *Coisas que o primeiro cachorro na rua pode dizer*: "a contemporaneidade da lírica (pelo menos: de certa lírica) é confirmada por esse livro do poeta Caio Meira"; os que a leram, como Leonardo Fróes, disseram, sobre o mesmo livro: "Na recente poesia brasileira, este é um dos melhores livros que li nos últimos tempos", acrescentando ainda que "O texto em fluxo de 'Epidermática', a prosa poética e cinematográfica de 'Outras vidas, a mesma', que ora tende à ficção, ora ao documentário, somam-se pois à teatralidade das 'Venéreas' para mostrar que seu autor, mesmo seguindo em três caminhos, mantém contudo, com mão firme, a unidade entre os módulos. Garantem-na não só a perícia, mas também e sobretudo a qualidade do homem que parece estar nestes versos por ter sentido muito e a fundo as confusões ao redor. Um homem simples como a vida"; os que a leram, como Antonio Cicero, disseram: "A poesia de Caio Meira dá a conhecer aquilo que todo o mundo supõe conhecer; a poesia de Caio Meira dá a estranhar aquilo que todo o mundo supõe conhecer; que todo o mundo se engana, ao supor conhecer; que todo mundo se engana ao supor conhecer, quando apenas reconhece; que todo o mundo se engana ao supor reconhecer, quando apenas supõe reconhecer.// A poesia de Caio Meira tem a coragem de ter o prazer de conhecer e de estranhar, e de dar a estranhar e a conhecer aquilo que todo o mundo nem sequer se lembra de ter tido um dia a coragem de conhecer ou de estranhar de verdade.// Por isso, isto é, pela sua beleza, ela deve ser lida".

Impressão e Acabamento:
GRÁFICA STAMPPA LTDA.
Rua João Santana, 44 - Ramos - RJ